**Richard Heyman**

Warum haben Sie das nicht gleich gesagt?

Richard Heyman

# Warum haben Sie DAS nicht gleich gesagt?

## Besser kommunizieren im Beruf

Orell Füssli Verlag

*Gedruckt auf umweltfreundliches, chlorfrei gebleichtes Papier*


Umschlaggestaltung: Christine Vonow
Übersetzt aus dem Amerikanischen von Dr. Thomas Irmer, Berlin
Druck und Bindearbeiten: Freiburger Graphische Betriebe, Freiburg i. Brsg.
Printed in Germany

ISBN 3-280-02626-1

Die Deutsche Bibliothek – CIP-Einheitsaufnahme

**Heyman, Richard:**
Warum haben Sie das nicht gleich gesagt? : besser kommunizieren im Beruf /
Richard Heyman. [Übers. von: Thomas Irmer]. - Zürich : Orell Füssli, 1998
Einheitssacht.: Why didn't you say that in the first place? ‹dt.›
ISBN 3-280-02626-1

# Inhaltsverzeichnis

# Vorwort

«Warum haben Sie das nicht gleich gesagt?» Stellen Sie diese Frage manchmal selbst, oder bekommen Sie sie von anderen zu hören? Dieses Buch erklärt, warum Mißverständnisse passieren und wie man ihre Häufigkeit und die negativen Folgen verringert. Es ist für Leute geschrieben, die von Mißverständnissen genug haben.

## Warum ich dieses Buch geschrieben habe

Ich habe dieses Buch geschrieben, damit jeder weiß, was genau Sie meinen, wenn Sie etwas sagen oder schreiben. Studien zur Kommunikation zeigen, daß man oft nicht richtig verstanden wird, wenn man etwas sagt oder schreibt. Wenn wir verstehen, warum Mißverständnisse so häufig passieren, können wir uns in vielen Situationen einer einfachen Sprache bedienen und Mißverständnisse reduzieren. Haben wir das begriffen, so liegt der Erfolg oder Mißerfolg unserer Kommunikation nur an uns. Es ist unsere Sache, nicht die der anderen. Es liegt allein an uns.

Auf der Grundlage von Forschungen der Ethnomethodologie und Untersuchungen der Alltagsrede werde ich Ihnen neue Wege zeigen, wie man Sprache richtig versteht. Ein Mißverständnis resultiert nicht einfach daraus, daß Leute nicht in der Lage sind, sich klar auszudrücken, oder daß sie nicht wissen, was sie wissen sollten. Die Ethnomethodologie zeigt, daß Mißverständnisse natürlich deshalb passieren, weil unser Sprachverständnis von der Interpretation von Sprache in einem bestimmten Kontext abhängt. Welcher Kontext besteht, müssen wir erkennen. Wir können einwandfrei kommunizieren, wenn wir einen gemeinsamen Kontext haben. Ist das nicht der Fall, gibt es Mißverständnisse. Die Lösung liegt in der Anwendung von Kenntnissen und Techniken dessen, was ich als strategische Rede bezeichne, mit der ein gemeinsamer Kontext gesichert werden kann.

Sie müssen keine neue Sprache erlernen, um die strategische Rede zu beherrschen. Statt dessen werden Sie sich Ihrer Alltagssprache bewußter und werden diese systematischer verwenden.

## Warum dieses Buch nötig ist

Wir haben alle schon mal Mißverständnisse am Arbeitsplatz erlebt. Es kommt nicht darauf an, ob wir uns nur einbilden, wie gut wir sprechen oder schreiben würden – andere verstehen uns trotzdem nicht, und diese Mißverständnisse kosten uns und unsere Geschäftswelt Zeit und Geld. Das Problem ist, zu erkennen, wie Mißverständnisse passieren und wie man sie verhindert. Wenn wir dieses Problem lösen, helfen wir uns und den komplexen Organisationen, in denen wir tätig sind.

Bislang wurden die Erkenntnisse der Ethnomethodologie kaum berücksichtigt, um Leuten die vorhandenen Methoden zu vermitteln, die ihnen für das Verstehen anderer dienlich sein können. Die Ethnomethodologie untersucht Rede und Handeln im Alltag. Ihre Forscher benutzen Film, Tonband und Video, um die Methoden, die zwischenmenschlicher Interaktion zugrunde liegen, zu beobachten und zu analysieren. Die Ethnomethodologie kann nicht erklären, was in den Köpfen vorgeht, sondern liefert vielmehr eine Erklärung dessen, was die Beteiligten einer Interaktion sehen oder hören.

Mit diesem nichtpsychologischen Ansatz, Kommunikation zu untersuchen, eröffnet dieses Buch ein neues Verständnis der Mißverständnisse. Man kann dieses neue Verständnis zur Lösung von Kommunikationsproblemen mit anderen Ansätzen zusammenbringen. Diese anderen Ansätze basieren im allgemeinen auf sozialpsychologischen und soziolinguistischen Forschungen und stellen die bekannte Zusammenfassung von Kommunikationsproblemen dar.

## Wer sollte dieses Buch lesen?

Wenn Sie von anderen verstanden werden wollen und andere verstehen möchten, dann ist dieses Buch für Sie sehr hilfreich. Es kann Ihnen dabei helfen, Ihren Arbeitsalltag produktiver und gewinnbringender zu machen, indem Sie sich der Tücken der alltäglichen Kommunikation verstärkt bewußt sind. Ob Sie Geschäftsführer, Manager oder Sekretär sind, Verkaufspersonal, Sachbearbeiter oder Berater, Kellner oder Kellnerin, Bankangestellte, Schlosser oder Ingenieur, Maurer, Klempner, Elektriker oder Zimmermann, die Lektüre dieses Buches gibt Ihnen Denkanstösse. Egal, ob Sie im Finanzwesen, Einzel- oder Großhandel tätig sind, im Gewerbe, Versand oder im Bereich Dienstleistungen, Werbung, Touristik, Gastronomie oder Bauwesen, in Unterhaltung, Medien, im Sport oder im öffentlichen Dienst, dieses Buch bietet Ihnen neue Wege, zu verstehen und verstanden zu werden. Sind Sie Berater in Kommunikationsfragen und mit den Erkenntnissen der Ethnomethodologie nicht vertraut, so finden Sie hier interessante Ideen über Sprachverwendung und angrenzende Gebiete, die Sie für Ihre Arbeit verwenden können. Lehrer, Eltern und Studenten können gleichfalls von den hier beschriebenen Methoden Gebrauch machen. Diese werden Ihnen Zeit und Geld sparen, egal, wo Sie arbeiten, und Ihre Beziehungen zu anderen Mitarbeitern verbessern.

# Inhaltsüberblick

Die acht Kapitel sind in drei Teile gegliedert, jeder beleuchtet einen anderen Aspekt von Mißverständnissen. Teil eins (die ersten beiden Kapitel) zeigt, daß die Wurzeln von Mißverständnissen in unserer Sprache liegen. Das erste Kapitel eröffnet mit einer Darstellung, wie Mißverständnisse Probleme für alle schaffen und daraus geringe oder große Kosten wachsen. Ich behandle dabei insbesondere die ethnomethodologischen Forschungen, welche sich auf den naturgemäß vagen und mehrdeutigen Charakter der Sprache beziehen.

Das zweite Kapitel erklärt, wie Rede und Kontext die zwei grundsätzlichen Bestandteile von Verstehen sind, und es erklärt, wie wir einander verstehen, indem wir uns nacheinander als Sprecher und Zuhörer abwechseln. Wir erkennen, daß strategische Rede Mißverständnissen vorbeugt, indem sie allgemeine Muster des Sprechens in spezieller und systematischer Weise verwendet.

Der zweite Teil (Kapitel drei, vier und fünf) führt vor, wie man dieses neue Verstehen von Mißverständnissen im Arbeitsalltag verwendet. Das dritte Kapitel beschäftigt sich eingehend mit der Sprache der Arbeitswelt und Möglichkeiten, wie die strategische Rede in tatsächlichen Situationen Verstehen gewährleistet.

Das vierte Kapitel legt dar, warum Schriftliches sogar mehrdeutiger und verwirrender sein kann als Rede. Ich stelle spezielle Strategien vor, wie man das Verstehen von Geschriebenem im Sinne der Intention des Schreibers gewährleistet.

Kapitel fünf zeigt, wie man strategische Rede benutzt, um sich gut mit Leuten zu verständigen, die anders sind. Das heißt, daß man Stereotypen vergessen muß und statt dessen begreift, daß das Problem des Verstehens universal ist. Daher müssen wir ausdrücklich einen gemeinsamen Kontext für das Verstehen in unseren Interaktionen schaffen.

Teil drei (Kapitel sechs, sieben und acht) handelt davon, wie mittels strategischer Rede eine Organisation (Firma, Betrieb) Strukturen klarer

Kommunikation schafft. Kapitel sechs untersucht die Verbindung zwischen erfolgreichem Führen und klarer Kommunikation. Es gibt Ratschläge für eine Kultur, in der man ermutigt wird, ohne Angst zu sagen «Das habe ich nicht verstanden. Können Sie das bitte etwas deutlicher sagen?»

Kapitel sieben zeigt, wie man Systeme organisiert, in denen eine klare Kommunikation für wichtige Aufgaben gewährleistet ist. Diese Systeme sind denen in hochverantwortlichen Bereichen nachgebildet, wo ein Bedienungsfehler eine Katastrophe nach sich ziehen kann. Solche Systeme – zusammen mit strategischer Rede – können Ihnen einen bedeutenden Wettbewerbsvorteil ermöglichen.

Kapitel acht zeigt, daß Organisationen, in denen Rede ernst genommen wird, sich einer neuen Verantwortlichkeit bewusst werden. Hat man einmal erkannt, daß Mißverständnisse natürlich sind und strategische Rede ihre Lösung sein kann, dann ist man für die eigenen Mißverständnisse verantwortlich. Weiß man, wie Dinge in kritischen Situationen gesagt werden müssen, so kann der Mangel an Verstehen keine Entschuldigung mehr dafür sein, daß jemand seine Arbeit nicht richtig macht. Klare Kommunikation muß für jede Situation neu festgelegt werden.

## Der Bereich des Buches

Bestimmte Lebensbereiche, die unsere Art zu reden mitbestimmen, habe ich ausgelassen, denn ich habe keine neuen Erkenntnisse darüber. Wir haben ja, zum Beispiel, alle persönliche Vorlieben, Ängste und Wünsche, die das Wie und Was unserer Rede und ihres Verstehens beeinflussen. In diesem Buch konzentriere ich mich auf die öffentliche Seite der Kommunikation, wie man sie hört. Ich habe versucht, die «innere» Welt draußen zu lassen, obwohl wir alle wissen, daß persönliche Gedanken entscheidend sind. Ich habe mich nicht mit den versteckten Motiven befaßt, warum man etwas so oder so sagt, da diese Motive unbekannt bleiben müssen, solange man für die Untersuchung keine Worte oder Taten heranziehen kann. Ebensowenig diskutiere ich Körpersprache oder Intonation und wie diese die Bedeutung des Gesagten beeinflussen. Darüber gibt es schon viele bedeutende Bücher. Körpersprache und Intonation sind in der hier gewählten Perspektive Teil des Verstehenskontexts, und unsere Aufgabe hier ist es, aus dem gesprochenen Wort ihre Bedeutung zu schlußfolgern.

Es ist meine Hoffnung, daß Sie nach der Lektüre dieses Buchs – ungeachtet dieser absichtlichen Unterlassungen – ein verstärktes Verständnis für die Probleme entwickeln, die uns in der arbeitsgebundenen Kommunikation begegnen. Sie werden die Fähigkeiten erwerben, diese Probleme kraft der Rede zu lösen, und diese Kenntnisse können Sie zu einem mitfühlenderen, flexibleren, kreativeren, innovativeren, besser verstehenden und erfolgreicheren Menschen machen.

# Der Autor

Richard Heyman ist Professor für Konversationsanalyse und Ethnomethodologie an der Universität von Calgary. Geboren und aufgewachsen in New York City, erhielt er 1961 sein erstes Universitätsdiplom in Anglistik von der Cornell University, 1962 ein Postgraduiertendiplom von der University of Edinburgh, 1967 einen Magisterabschluß in Sozialwissenschaften und Pädagogik von der Columbia University, dort 1968 einen weiteren Abschluß in Afrikastudien, und schließlich promovierte er 1970 auf dem Gebiet der Pädagogik.

Er war Stipendiat der Ford Foundation und als Gast am Wolfson College der Cambridge University. Gegenwärtig ist er Direktor der Discourse Analysis Research Group, eines internationalen Zusammenschlusses von Wissenschaftlern, die sich mit der Erforschung der Sprache im Alltag beschäftigen. Er ist ein international renommierter Akademiker, der mehr als dreißig Artikel in Fachzeitschriften und Aufsatzbänden veröffentlicht hat. Seit mehr als zwölf Jahren ist er der Präsident von Richard Heyman Associates, einer Kommunikationsberatungsgesellschaft, die für große und kleine Firmen wie auch mit Wohlfahrts- und Bildungsorganisationen arbeitet.

Erster Teil

# Warum uns niemand versteht

Erstes Kapitel

# Warum Mißverstehen normal ist

Die seit Jahren größte Marketingkampagne der Firma X ist in den USA und ganz Kanada angelaufen. Deborah, stellvertretende Direktorin für Marketing, und William, Marketingmanager für Nordamerika, besprechen bei einem Drink die Strategie und versuchen festzustellen, ob ihre Anstrengungen so erfolgreich sind, daß die in den letzten fünf Jahren durch die Konkurrenz verursachten Verkaufsrückstände wettgemacht werden.

William: Wir scheinen gut vorwärtszukommen.
Deborah: Nach Ihren letzten Zahlen legen wir sogar noch etwas zu.
William: Ich denke, wir können's wirklich schaffen, wenn wir uns an unseren Plan halten.
Deborah: Wir haben ziemlichen Verlust gemacht in den letzten Jahren.
William: Ich bin ganz sicher, hier kommt der Gewinn.
Deborah: Ich hoffe, Sie liegen richtig, denn ansonsten kriege ich es mit einer Menge aufgebrachter Aktionäre zu tun.
William: Wie soll ich das verstehen?
Deborah: In letzter Zeit wollen Sie anscheinend Ihre Fehler nicht eingestehen. Haben Sie das nicht selbst gemerkt?
William: Deborah, das stimmt doch gar nicht.
Deborah: Es ist so, William. Tatsache.
William: Nein.
Deborah: Sehen Sie?
William: Was denn?
Deborah: Schon wieder.
William: Deborah, worauf wollen Sie hinaus? Wenn ich weiß, daß ich

recht habe, muß ich mit Ihnen doch nicht einverstanden sein.

Deborah: Aber wir haben Marktanteile verloren.

William: Das stimmt.

Deborah: Warum haben Sie dann gesagt, es sei nicht so?

William: Wie bitte? Ich habe lediglich gesagt, daß dieser Plan helfen kann, diesen Verlust aufzuholen.

Deborah: Wenn Sie das so gesagt hätten, hätte ich Ihnen auch zugestimmt.

Haben Sie sich hier wiedergefunden? Wie oft haben Sie schon mit jemandem darüber gestritten, was Sie gesagt oder was Sie nicht gesagt haben? Praktisch jeder hat das bei der Arbeit schon mal erlebt. Aber stellen Sie sich einmal vor, wie es wäre, wenn in Ihrer Firma jeder jeden verstehen würde? Das wäre ein ganz anderes Arbeiten. Aufgaben würden gleich beim ersten Mal richtig erledigt werden. Anweisungen wären genau und Lieferungen pünktlich. Es gäbe keinen Streit mit Kunden und Vertragspartnern, wer was gesagt hat und wie das gemeint war. Wir müßten nicht raten oder Gedanken lesen, um zu wissen, was unsere Chefs im Sinn haben. Können wir das erreichen? Die Antwort lautet ja, innerhalb der Grenzen, die die Sprache uns setzt.

Um ein guter Kommunikator zu werden, müssen Sie lernen, Mißverständnisse zu verstehen. Mit diesem Wissen können Sie Maßnahmen ergreifen, die eine klare Kommunikation ermöglichen. Sie lernen, wie man gewöhnliche Alltagssprache benutzt, um einen gemeinsamen Kontext des Verstehens zu schaffen, so daß die Kommunikation so klar wie möglich wird. Das Geheimnis ist, Sprache systematisch zu verwenden, zu wissen, wann und warum.

Die Forschung hat gezeigt, daß wir nützliche und praktische Schritte ergreifen können, um eine klare Kommunikation zu gewährleisten. Dieses Buch wird Ihnen die Regeln erläutern. Darin werden Sie lernen, warum Mißverständnisse so oft passieren, obwohl wir uns bemühen, sie zu vermeiden. Diese Kenntnisse zu erlangen ist nicht schwer und wird Ihr Sprachverständnis entscheidend verändern. Ihr neues Verstehen von Mißverständnissen wird wertvoll sein, um den Kontakt zu Leuten innerhalb und außerhalb Ihres Aufgabenbereichs zu ändern. Eine klar verständliche Redeweise ergibt sich aus dieser besonderen Sicht auf Mißverständnisse. Indem Sie sie anwenden, werden Sie die Wahrscheinlichkeit erhöhen, daß Sie und Ihre Kollegen einander verstehen, und Mißverständnisse werden auf ein Minimum reduziert. Das zu erlernen braucht Mut und Übung, auch wenn die Übungen selbst Techniken beinhalten, die wir aus der Alltagsrede schon kennen. Wenn Sie diese Grundlagen verstehen und etwas üben, wird in Ihrem Arbeitsbereich das Mißverständnis die Ausnahme und nicht die Regel sein.

## Mißverständnisse kosten Zeit und Geld

Mißverständnisse kosten Zeit und Geld. Mißverständnisse zu vermeiden – und anderen das beizubringen – gehört zu den Grundlagen. Beachten Sie folgende Punkte:

- Wenn eine Arbeit wegen eines Mißverständnisses das zweite oder dritte Mal gemacht werden muß, so ist das Verschwendung von Zeit und Geld.
- Mißverständnisse verschlingen wertvolle Zeit und verursachen oft Budgetprobleme.
- Wenn Leute den Gegenstand wichtiger Beratungen nicht verstehen, kostet dieses Mißverständnis Zeit und Geld.
- Angestellte, die ihre Arbeitsaufgaben nicht verstehen, verschwenden ihre Zeit und das Geld der Firma.
- Die Wünsche und Ansprüche der Kunden nicht zu verstehen kostet Zeit und Geld.
- Wichtige Briefe, Nachrichten, Berichte oder andere Schriftstücke nicht zu verstehen kostet Zeit und Geld.

- Wenn Ihre Angestellten und Kollegen Ihre Ideen nicht verstehen, kann Zeit und Geld verlorengehen.
- Mißverständnisse, die Bedienungsfehler oder Systemausfälle verursachen, kosten Zeit und Geld.
- Mißverständnisse kosten Zeit und Geld, wenn Vertragsvereinbarungen vor Gericht geklärt werden müssen.
- Mißverständnisse, die zu Klagen wegen sexueller Belästigung führen, kosten Zeit und Geld.
- Mißverständnisse, die entstehen, weil man nicht weiß, wie man zu Leuten gänzlich anderer Herkunft spricht, können eine Menge Geld und Zeit kosten.

Ungeachtet all dieser möglichen Folgekosten, verstehen nur wenige Leute, daß Mißverständnisse ein reguläres Problem in vielen Bereichen darstellen.

Ich unterhielt mich mit Don, einem ausgebildeten Ingenieur und Manager der Tochtergesellschaft eines multinationalen Ölkonzerns, über seine Arbeit. Wir kamen auf Mißverständnisse zu sprechen, und er erzählte mir, welche frustrierenden Probleme er mit seinen Angestellten hat, besonders mit neuen Ingenieuren.

Sie kommen zu ihm, um ihre Aufgaben entgegenzunehmen, und er erklärt ihnen sorgfältig, was zu tun ist. Sie sagen «Ja!» und machen sich an die Arbeit. Eine Woche später kommen sie wieder und zeigen, was sie gemacht haben. Nur zu oft haben sie nicht verstanden und haben nicht das gemacht, was Don von ihnen wollte. Er mußte sich noch einmal mit ihnen hinsetzen und Punkt für Punkt erläutern, obwohl er sicher war, alles beim ersten Mal ganz klar gesagt zu haben. Don versicherte mir, daß diese Leute von den besten Colleges kämen und eigentlich wissen sollten, was ihre Arbeit ist. Die Reaktion bei der zweiten Besprechung war vielleicht folgendermassen: «Ach so, das wollten Sie so haben. Alles klar. Entschuldigen Sie!» Und sie machten sich erneut ans Werk.

## Mißverständnisse sind normal

Viele Leute sind wie Don überrascht, wenn sie von anderen nicht verstanden werden. Man nimmt es als selbstverständlich, daß andere einen verstehen, und falls nicht, glaubt man, es liegt an ihnen. Dons Unterstellte haben angenommen, daß die Bedeutung der Anweisung in dem Maße klar ist, wie jeder weiß, was er zu tun hat. Hätten sie gesagt, sie verstünden Don nicht, hieße das, sie wären inkompetent, da sie wissen müßten, was er will. Wenn sie gesagt hätten, daß sie ihn nicht verstehen, hieße das auch – vielleicht noch schlimmer –, daß ihr neuer Chef inkompetent ist, da er keine klaren Anweisungen zu geben vermochte. Kein Wunder, daß alle ein freundliches Gesicht machten, um danach die Arbeit so gut wie möglich auszuführen.

Meiner Meinung nach lag das Problem nicht darin, daß Don sich nicht klar auszudrücken vermochte oder seine Angestellten ihre Aufgaben nicht kannten. Das Problem war, daß weder Don noch seine Angestellten erkannten, daß Mißverständnisse normal sind – und was zu ihrer Berichtigung tun ist.

Unsere Rede hat die Macht, unsere Welt zu formen, indem wir anderen mitteilen, wie wir sie sehen und wie wir sie haben wollen – entsprechend unseren Wünschen und Bedürfnissen. Wir hoffen, verstanden zu werden, und werden oft mißverstanden. Mißverständnisse untergraben die Macht der Rede. Dinge gehen schief oder laufen so, wie wir es gar nicht wollten. Am Ende stehen Streit, verpaßte Konferenzen, Umsatzrückgang, negative Stimmungen und zahllose andere Probleme. Die Folgen sind ärgerlich oder sogar schmerzhaft – für uns und die Bereiche, in denen wir arbeiten. Diese Erfahrung frustriert uns ständig, und gewöhnlich geben wir uns selbst oder anderen die Schuld.

Aber es gibt noch einen anderen Weg, Ursache und Lösung der meisten Mißverständnisse zu verstehen: Der Charakter der Sprache selbst verursacht Mißverständnisse. Wenn wir das wissen, können wir die gleiche Sprache benutzen und sichergehen, daß andere uns normalerweise verstehen. Bestimmte Bereiche unserer Alltagssprache systematisch zu benutzen befähigt uns, klar zu kommunizieren und Mißverständnisse zu vermeiden – soweit das menschenmöglich ist.

## Mißverständnisse sind ein Problem für jeden

Weil Mißverständnisse Einfluß auf unsere Arbeitsqualität haben, ist Mißverstehen ein persönliches Problem. Wir sind dafür verantwortlich, daß wir einander verstehen. Die Ursachen für die meisten Mißverständnisse präventiv zu erkennen ermöglicht, die Arbeit für uns und unseren Bereich optimal zu erledigen.

Daß klare Kommunikation wichtig ist, ist keine Frage. Aber wie erreicht man sie? Tatsächlich hat Kommunikation Top-Priorität auf der Mängelliste vieler Firmen. Margot Gibb-Clark berichtet, daß in einer Befragung von Geschäftsführern der zweihundert größten US-Firmen 74 Prozent angaben, daß die Fähigkeiten, gut zu schreiben, mündlich zu kommunizieren und mit Leuten umzugehen, eine Rarität bei Bewerbern sei. Diese Befragung erfolgte im Auftrag von Robert Half International Inc., einer Stellenvermittlungsfirma, deren Geschäftsführer sagte: «Nach guten Kommunikatoren wird händeringend gesucht, denn sie sorgen für effektivere Teams.» In einer unlängst erschienenen Nummer von «Fortune» zitiert Faye Rice einen nicht genannten Berater, der schätzt, daß nur 10 Prozent der leitenden Angestellten «effektive Kommunikatoren sind, die aufrichtig mit ihren Angestellten sprechen und sie ermutigen, eigene Ideen einzubringen». Folge: Die Kommunikation muß verbessert werden.

# Wie Rede funktioniert

Ich werde oft gefragt, was mein Beruf sei. Wenn ich erkläre, daß ich Professor für Konversationsanalyse bin, erwidern die Leute etwa «Wie bin ich denn so?» oder «Was können Sie über mich sagen?» oder «Können Sie sagen, woher einer ist und so was?» Für die meisten klingt Konversationsanalyse wie das, was Professor Henry Higgins mit Eliza Doolittle in *My Fair Lady macht:* die Blumenverkäuferin mit dem Cockney-Dialekt zu einer richtigen Lady mit der Sprache der oberen Schichten Englands zu verwandeln. Das mache ich nicht. Ich untersuche, wie Menschen Alltagssprache gebrauchen, um sich in alltäglichen Gesprächen verständlich zu machen. Dafür benutze ich ein Kommunikationsmodell, das in der Forschung seit 1959 als Ethnomethodologie bekannt ist. Einfach gesagt:

Ethno/method/ologie = Menschen / Methode, Strategie / die Lehre von. Die Lehre von den Methoden, die Menschen gebrauchen, um einander zu verstehen.

Schon als Harvard-Student erkannte der hervorragende Soziologe Harold Garfinkel, daß Sozialwissenschaftler vernachlässigten, wie gewöhnliche Leute, die reden, arbeiten und ihrem Alltag nachgehen, es schaffen, einander zu verstehen. Er brachte mit dem Wort Ethnomethodologie seine Untersuchung des Lebensalltags und der zwischenmenschlichen Kommunikation auf einen Begriff. Er wollte die Methoden erfassen, die wir benutzen, um unsere soziale Welt verantwortlich, vernünftig, faktisch, real, erzählbar, darstellbar und gemeinsam zu gestalten.

Die Ethnomethodologie liefert ein Modell, das auf zwei fundamentalen Merkmalen der Sprache beruht: der Indexikalität (die Bedeutung der Rede ist abhängig vom Kontext) und der Reflexivität (der Kontext der Rede ist abhängig von der Bedeutung). In dieser Auffassung der Sprache haben alle Wörter mehrfache Bedeutungen. Ihre Bedeutungen werden eingeschränkt durch den Kontext, in dem die Wörter gebraucht werden.

Das beste Beispiel dafür ist das Pronomen *es*. Wenn Sie zu einem Kollegen sagen «Haben Sie es schon erledigt?», dann hat *es* nur in dem Kontext Bedeutung, den Sie und Ihr Kollege herstellen können. Es könnte sich um einen Bericht handeln, einen Brief oder um einen Telefonanruf. So wie das Wort *es* Bedeutung erlangt, funktionieren gleichermaßen alle Wörter unserer Sprache. Solange wir keinen Kontext für die Bedeutung haben, sind alle Wörter und ihre Zusammensetzungen, zum Beispiel Satzteile und ganze Sätze, mehrdeutig. Wir nennen diese Eigenschaft der Sprache Indexikalität, weil sie sich auf das Eingebundensein von Wörtern in einem gegebenen Kontext bezieht.

Kontext allein ergibt noch keine Lösung des Problems der Bedeutung, denn Kontext wiederum ist auch indexikalisch. Anders gesagt, Kontext existiert nicht automatisch als klarer, eindeutiger Bezug für Bedeutung, weil die Faktoren, die einen Kontext ausmachen – wie der Sprecher, die Situation, der Ort, die Zeit, die Biographien der Beteiligten –, selbst mehrdeutig sind. Wir müssen entscheiden, welche Identitäten, Zugehörigkeiten und anderen Eigenschaften der Person relevant sind, was für eine Situation gegeben ist, welche Rede an was für einem Ort zu einer bestimmten Zeit – all das ist wichtig und relevant, um die Bedeutung des Gesagten zu verstehen. Wir müssen also die Bedeutung der Situation interpretieren. Diese Bedeutung hängt von unserer Interpretation ab, welche sich auf den Kontext gründet; zugleich ist der Kontext auch Interpretation. Bedeutung und Kontext bedingen sich gegenseitig. Das scheint etwas wirr auf den ersten Blick. Deshalb nun ein Beispiel.

Wenn wir eine geschäftliche Beratung haben, was macht das dann zu einer solchen? Worin unterscheidet sie sich von einer Unterhaltung, von einem Vortrag, einem Gespräch in einer Hobbygruppe oder einer Elternversammlung? Es ist nicht der konkrete Raum. Geschäftsberatungen können überall stattfinden: in einer Bar, einem Flugzeug, einem Hotelzimmer. Es hat auch nichts mit den Leuten zu tun. Wir könnten wahrscheinlich eine Geschäftsberatung mit jedem haben, der eine mit uns haben möchte. Die Art der Rede macht es erst zu einer Geschäftsberatung. Wir sagen zum

Beispiel: «Mary, wir müssen über den Vertrag sprechen. Ich denke, wir müssen ein paar Sachen ändern» und «Sicher, Steve. Ich habe schon darüber nachgedacht und stimme Ihnen zu, daß man da noch mal ran muß.»

Aber warum benutzen wir diese Art der Rede? Weil es eine Geschäftsberatung ist. Und warum ist es eine Geschäftsberatung? Wegen der Rede. Die Rede stellt die Bedeutung des Kontexts her und der Kontext die Bedeutung der Rede. Indem wir vom Geschäft reden, sind wir an der Schaffung der Realität beteiligt, in der ein Reden übers Geschäft möglich wird. In der Ethnomethodologie wird diese Eigenschaft der Sprache Reflexivität genannt. Die Reflexivität der Sprache erklärt, warum man ernsthaft sagen kann, daß wir als menschliche Wesen gemeinsam die soziale Welt schaffen, in der wir leben.

Wir nehmen für *gewöhnlich* an, daß Sprache klar und präzise ist, solange wir deutlich sprechen und gut zuhören. Wie können dann aber intelligente und kompetente Menschen einfache Anweisungen, Regeln, Aufträge oder Vorschläge mißverstehen? Um das zu begreifen, müssen wir uns darüber klarwerden, daß Rede regelmäßig vage und mehrdeutig ist. Aber wenn unsere Rede wirklich so vage und mehrdeutig ist, warum verursacht dann unsere Alltagskonversation mit anderen keine Probleme? Schließlich sagen doch alle immer «Entschuldigung, ich habe dich nicht richtig verstanden. Könntest du das bitte genauer sagen?» Wenn wir also vage und mehrdeutig sind, warum sagt man uns das im Berufsleben nicht? Die Leute bitten nicht immer um absolute Klarheit, wie das Beispiel von Dons Angestellten verdeutlicht. Denn zu sagen, daß man nicht verstanden hat, kann sehr peinlich sein. Man hat Angst, daß andere denken, man sei dumm, unaufmerksam oder inkompetent.

Ethnomethodologie zeigt, daß Rede notwendigerweise indexikalisch und reflexiv ist, denn diese Eigenschaften erlauben uns, andere zu verstehen, ohne daß wir alles wissen, was sie wissen. Das erst ermöglicht unsere sozialen Kontakte. Wenn alle Wörter präzise Bedeutung und Kontext zum Verständnis haben müßten, wäre Kommunikation unvorstellbar, denn wir könnten kaum darauf bauen, daß unser Vokabular oder unser Hintergrundwissen groß genug wäre, um mit den meisten anderen zu sprechen.

Harold Garfinkel führte einige informelle Experimente durch, in denen Leute dazu aufgefordert waren, genau das zu sagen, was sie meinten. Er nannte sie «Bruchstellen»-Experimente. Sie basieren auf der Idee, unsere allgemein verbindliche Realität versuchsweise zu unterminieren, indem Situationen geschaffen werden, in denen unsere normalen Einstellungen dazu, wie wir miteinander reden, durchbrochen werden. Freiwillige in diesem Experiment begannen eine Unterhaltung mit einem Bekannten und baten um Klarstellungen von Äußerungen, die normalerweise niemand hinterfragt. Er wollte zeigen, wie sehr wir uns darauf verlassen, daß andere uns verstehen, und wie sehr wir davon abhängen, daß andere hinzufügen, was wir selbst nicht sagen. Fast immer hatten die Unterhaltungen folgendes Muster:

| | |
|---|---|
| Bekannter: | Wie geht es Ihnen? |
| Versuchsperson: | Wie es mir geht, in bezug auf was? Meine Gesundheit, meine Finanzen, meine Arbeit, meinen Seelenfrieden ...? |
| Bekannter (mit rotem Gesicht, fassungslos): | Ich wollte bloß höflich sein. Ehrlich, es kümmert mich einen Dreck, wie es Ihnen geht. |

Ein anderes Beispiel von einem Versuch meiner Studenten:

| | |
|---|---|
| Bekannter: | Hallo, Mary. Wie geht's bei der Arbeit? |
| Versuchsperson: | Was meinst du mit «Wie geht es?» Meinst du stimmungsmäßig oder finanziell? |
| Bekannter: | Ich meine «Wie geht's?» Was ist los mit dir? |
| Versuchsperson: | Nichts. Könntest du ein bißchen klarer ausdrücken, was du wissen willst? |
| Bekannter: | Vergiß es. Wie läuft das neue Projekt? |
| Versuchsperson: | Was meinst du mit «Wie läuft es»? |
| Bekannter: | Du weißt, was ich meine. |

Versuchsperson: Das weiß ich eben nicht.
Bekannter: Was ist los mit dir? Bist du krank?

Diese Wortwechsel geben uns wichtige Einsichten darüber, wie wir miteinander kommunizieren:

- Andere erwarten von uns, daß wir sie verstehen, selbst wenn sie sich nicht genau ausdrücken. Sie verlassen sich darauf, daß wir sie verstehen und hinzufügen, was sie selbst nicht gesagt haben. Ethnomethodologen nennen diese Erwartung, daß wir hinzufügen, was nicht ausdrücklich und genau gesagt wurde, das Et-cetera-Prinzip. Sprecher erwarten eben nicht, darum gebeten zu werden, was sie meinen, selbst wenn die Angesprochenen nicht genau verstehen.
- Andere vertrauen darauf, daß wir die korrekte Bedeutung einsetzen. Wenn nicht, dann enttäuschen wir dieses Vertrauen und müssen uns ernsthaft fragen lassen, ob wir noch dazugehören – zu einem Kreis von Vertrauten, die sich ohne Nachfragen verstehen. Unsere Fragen werfen ein schlechtes Licht auf uns, weil wir entweder nichts wissen oder nicht wissen, was wir wissen sollten.
- Wenn wir andere bitten, sich genauer auszudrücken, reagieren sie oft verärgert und abwehrend. Diese Reaktion resultiert aus dem Gefühl, sich nicht klar ausgedrückt zu haben, obwohl man sich dessen gewiß war. Unser Nachfragen kann so aufgefaßt werden, daß wir von dem jeweiligen Sprecher schlecht denken würden.

Diese Aspekte der Kommunikation sind folgenreich für unser Arbeitsleben. Wir können nicht immer alle fragen, was sie genau meinen. Würden wir das tun, dann würde man wahrscheinlich nicht mehr mit uns reden. Zum Glück brauchen wir nicht immer eine solche präzise Kommunikation, da nicht alles, was wir sagen, präzise sein muß. Wenn unser Verstehen nicht hinterfragt wird, sind Mißverständnisse gar kein Thema. Wir können uns auch Situationen vorstellen, in denen ein Mißverständnis eine positive Seite hat, denn es führt zufällig zu Problemlösungen, die sonst nicht gefunden würden. Aber bei der Arbeit gibt es Situationen, wo es entscheidend ist, daß wir verstehen, was andere meinen. Wenn uns zum Beispiel jemand bittet, etwas zu erledigen, dann müssen wir verstehen, worum es sich handelt, wie und bis wann es erledigt werden soll. Dann müssen wir wissen, wie man Mißverständnisse vermeidet. Indexikalität und Reflexivität der Sprache können dabei ein Problem sein.

## Wörter haben viele Bedeutungen

Die Bedeutung von Wörtern ist keine einfache Gleichung:

| | |
|---|---|
| ein Wort | = eine Bedeutung |
| reden | = etwas mit Wörtern sagen |

Statt dessen sieht es so aus:

| | |
|---|---|
| ein Wort | = eine sehr große Anzahl von möglichen Bedeutungen, teilweise vollkommen widersprüchlich |
| reden | = (Verb) etwas beim Sprechen sagen oder ausdrücken: äußern; etwas zum Thema einer Unterhaltung oder Ausführung machen: erörtern; jemanden beeinflussen oder zu etwas veranlassen; Sprache zu verwenden, um sich auszutauschen und zu kommunizieren: sprechen; Ideen zu formulieren und auszutauschen mittels gesprochener Worte; Informationen weiterzugeben oder anderweitig (mit Zeichen und Ton) zu kommunizieren; mündliche Sprache: sprechen; schwatzen; tratschen; ein Geheimnis oder Vertrauliches mitteilen; eine Rede halten: Vortrag; unverschämt antworten; rationale, logische oder vernünftige Gedanken kundtun; irrationale, unlogische oder unvernüftige Ideen kundtun; frei und unverblümt sprechen |

Reden = (Substantiv) der Vorgang oder ein Fall des Redens: Sprechen; eine Art des Sprechens: Sprache; inhaltlose Erörterung: Wortschwall; eine formale Diskussion, Verhandlung oder Austausch von Ansichten; Hinweis, Bericht; Gerücht, Tratsch; Ansprache, Vortrag; eine schriftliche Untersuchung oder Erörterung, die informell vorgetragen wird; Töne und Zeichen der Kommunikation, die als Rede funktionieren oder ihr ähneln

Jede dieser Definitionen hat eine andere Bedeutung bei allen Äußerungen, für die das Wort reden / Rede gilt. Solange der Sprecher uns nicht ausdrücklich mitteilt, auf welche Definition sie oder er sich bezieht, müssen wir uns das vom Kontext her erschließen. Aber welcher ist der richtige Kontext? Ein Beispiel:
Georgina: John, ich möchte, daß Sie heute nachmittag mit den Computerleuten reden. Die kommen wegen der neuen Anlage rüber.

Können Sie sagen, welche Bedeutung von «reden» John erkennen soll? Sie können es nicht, oder? Zumindest nicht, ohne mehr über den Kontext zu wissen. Soll John auf die Computerleute sauer sein, ihnen etwas erklären oder ihnen danken? Soll er sich beschweren oder sie sogar etwas fragen? Kann John das wissen? Wenn Georgina das nicht genauer sagt, dann muß John hoffen, sie richtig verstanden zu haben. Wahrscheinlich gibt es genug gemeinsame Erfahrungen zwischen den beiden, aber Georginas Absichten muß John erraten. Er könnte richtig oder falsch raten. Oder er könnte sagen: «Georgina, über was genau soll ich mit denen reden?» Genau solche Fragen sind hilfreich, Rede verständlich zu machen.

## Gedanken lesen und Mißverständnisse

Man vertraut uns, daß wir die richtige Bedeutung erschließen, auch wenn nicht klar und präzise gesprochen wird. Andere nehmen an, daß wir genügend Hintergrundwissen haben, um mehr zu verstehen, als sie eigentlich sagen. Daraus ergeben sich zwei Probleme. Erstens müssen wir das Gesagte richtig interpretieren. Zweitens müssen wir alles genau interpretieren, was nicht gesagt wurde. Oder anders: Wir müssen Gedanken lesen können. Kein Wunder, daß Mißverständnisse normal sind.

Sie mögen Ihre langjährigen Kollegen gut kennen und denken, daß Sie ihre Gedanken lesen können. Falls es so ist, wird es nie Mißverständnisse geben, denn sie können die Gedanken, Motive, Absichten und Bedeutungen erkennen, ohne ihre Rede verstehen zu müssen. Aber, selbst wenn Sie lange mit ihnen zusammengearbeitet haben und fähig sind zu wissen, was der andere denkt, bleibt die Kommunikation immer noch ein waghalsiges Unternehmen. Und falls es nicht funktioniert, dann kriegen Sie etwas zu hören in der Art: «Ich kann gar nicht glauben, daß du nicht gewußt hast, was ich meinte. Wie viele Jahre sind wir hier zusammen? Muß ich denn alles vorbuchstabieren für dich?»

Das Problem des Mißverstehens wird nicht dadurch gelöst, daß wir anderer Leute Gedanken lesen sollen, keinesfalls!

Die Ethnomethodologie untersucht, wie Leute einander verstehen, indem sie sich auf ihre Rede im Kontext konzentriert. Sie geht davon aus, daß es keine Abkürzungen durch Gedankenlesen geben kann. In welchem Grade können Sie genau sagen, was andere denken, wodurch sie motiviert sind, welche Denkprozesse in ihrer Rede zum Vorschein gelangen und warum sie daher sagen, was sie sagen, was es bedeutet und was Sie damit anfangen sollen? Im wirklichen Leben kann kaum einer von uns Gedanken gut genug lesen, um Arbeit und Geschäft darauf aufzubauen.

## Für das Verstehen braucht man einen gemeinsamen Kontext

Kontext – die grundlegenden Daten, die Basis unserer Erfahrung der Welt – gibt allem Bedeutung, was wir sagen oder schreiben. Sei es unser Name oder Geburtsort, Familie, Bildung, Glauben, Verpflichtungen, Motive, Wünsche, Ziele, Vorurteile, Kenntnisse, Fertigkeiten, Fähigkeiten, Verdruß, Beruf, Stadt, Staat, Land, Hautfarbe, Geschlecht, Körperhaltung, Gexsichtsausdruck, Gesten, Intonation und vieles mehr. Der Kontext, den wir aktualisieren, um die Rede von jemanden zu verstehen, kann aus allen diesen Faktoren bestehen, aus wenigen oder gar keinem. Der Kontext bestimmt die Interpretation der Faktoren, die wir auswählen, um etwas zu einem gegebenen Zeitpunkt zu verstehen; er ist aber niemals dauerhaft stabil.

Da wir einen Kontext für die Bedeutung schaffen, können wir fast alles verstehen. Das ist das Wunderbare am Funktionieren der Sprache. Wir bringen einfach den Kontext ein, den wir für richtig halten, um Rede zu verstehen. Wir Menschen sind wirklich begabt, die seltsamsten Dinge zu begreifen, genauso wie die vertrautesten. Wir können mit Leuten reden, die wir nicht kennen, über Dinge, von denen wir wenig oder gar nichts wissen – und das Gespräch ist sinnvoll.

Aber das ist auch eine Gefahr. Wir können den Sinn des Gesprächs verfehlen. Da der Kontext immer von uns ausgeht, unser Kontext und daher unser Verständnis ist, kann er ein anderer sein als der von unserem Gegenüber. Unsere Interpretationen können deshalb die Wurzel unseres Mißverstehens sein.

Wir schaffen einen Kontext, wenn wir darüber entscheiden, was von Belang ist, um Rede zu verstehen. Sie können Kontext als das Wer, Was, Wo, Wann, Warum und Wie einer Situation auffassen. Tatsächlich stellen wir uns oft folgende Fragen – sogar unbewußt –, um einen Kontext einzugrenzen (auch wenn das ein bißchen zu vereinfacht erscheint):

- Wer spricht?
- Worüber wird gesprochen? Welche Worte werden gewählt? Was für ein persönliches Interesse könnte dahinterstehen? Was könnten die anderen als mein persönliches Interesse vermuten?
- Wo reden wir?
- Wann findet die Unterhaltung statt? Wann wird eine Antwort erwartet?

- Warum sagen die anderen, was sie sagen?
- Wie verhält sich das, was sie sagen, zu anderen Sachen, die ich über sie weiß?

Diese Fragen sehen einfach aus, aber sie sind nicht automatisch leicht und genau zu beantworten.

## Was passiert, wenn man keinen gemeinsamen Kontext hat

Die folgende Geschichte zeigt, wie leicht Leute sich auf verschiedene Kontexte für die gleichen Worte beziehen. Als David eines Tages über den Flur ging, rief ihn seine Chefin ins Büro und fragte: «David, was halten Sie von der Zulassungs- und Einstellungsbevorzugung bei gleicher Eignung?» Davids prompte Erwiderung: «Es hat unserer Firma gewiß nicht geschadet. Insbesondere, da wir viel auf Regierungsaufträge angewiesen sind.» Mit einem ernsten Gesicht erwiderte seine Chefin: «Ja, richtig. Aber ich habe an meinen Sohn gedacht, der sich dieses Jahr für die juristische Fakultät bewirbt. Er befürchtet, daß er nicht zugelassen wird, wenn er den Aufnahmetest nicht supergut schafft, denn es bewerben sich viele Frauen und Angehörige von Minderheiten.»

Davids Erwiderung bezieht sich auf den Kontext, den er für den geeigneten hielt. Sein Kontext beinhaltete, auf Arbeit zu sein und mit der Chefin zu sprechen, die Frage als eine geschäftliche aufzufassen, sich auf die Regierungsaufträge zu beziehen und darin eine Geschäftsbedingung zu sehen. Aber das war freilich nicht der Kontext seiner Chefin. Sie hatte eine persönliche Frage gestellt und sprach zu David als Mensch und Vater oder beidem. Sie erwartete eine gänzlich andere Antwort: praktisch, aus Erfahrung, ethisch, moralisch, zum Beispiel. Ihr Kontext schien nur die Sorge eines Elternteils zu beinhalten, ihr Kind vor den Nachteilen einer amtlichen Zulassungsbevorzugung zu bewahren.

Ein weiteres Beispiel, was passiert, wenn man keinen gemeinsamen Kontext hat: Die Anthropologin Lucy Suchman erforschte für die Firma Xerox die Mißverständnisse am Arbeitsplatz, die sich aus der Benutzung von Kopiergeräten ergeben. Suchman untersuchte das Bedienungsschaltfeld an den Geräten, das sogar Erstbenutzern die schnelle und effiziente Arbeit am Kopierer ermöglichen sollte. Das Design des Schaltfeldes war wichtig für Xerox, denn einfache Bedienung ist ein unmittelbarer Verkaufsfaktor bei diesen Geräten.

Beobachtungen hatten gezeigt, daß eine frühere Version des Kopierers mit einer ausschließlich schriftlichen Gebrauchsanleitung für Neulinge zu kompliziert war. Die Benutzer hatten große Schwierigkeiten, die Bedienungshinweise zu lesen und dann danach zu handeln. Das neue Gerät war mit einem Computer ausgestattet, um die Bedienung zu erleichtern. Das Gerät selbst zeigte nun einen Arbeitsgang an, dann den nächsten, so lange, bis der Kopiervorgang abgeschlossen war. Der Benutzer brauchte nur noch der Aufforderung auf dem Display zu folgen.

Als Test wurden einige Benutzer mit einer Videokamera aufgenommen, während sie zu zweit und sich unterhaltend am Kopierer arbeiteten. Die Auswertung der Videobänder erbrachte, daß die Benutzer immer noch Schwierigkeiten mit den auf dem Display angezeigten Hinweisen hatten. Sie machten Fehler – und der Kopierer keine Kopien. Das entscheidende Problem lag darin, was die Maschine auf die Frage «Was muß ich als nächstes machen?» antwortete.

Die computergesteuerte Anleitung war nach dem Modell geschaffen, daß Wörter klar und eindeutig sind. Auf dieser Grundlage hatte der Programmierer eine Schritt-für-Schritt-Bedienungsanleitung erarbeitet. Die dabei benutzten Wörter sollten eine für jeden verstehbare Eindeutigkeit haben. Unglücklicherweise verstanden die Benutzer häufig etwas anderes, als die Maschine meinte.

Mensch und Maschine verstanden sich nicht, weil jeder eine andere Auffassung davon hatte, was der Kontext wäre und welche Wortbedeutungen in ihm existierten. Menschliche Mißverständnisse passieren aus dem genau gleichen Grund. Die Bedeutung von Sprache ist bekanntlich kontextgebunden.

## Große Unterschiede im Kontext

Mißverständnisse passieren, wenn wir von anderen erwarten, daß sie unsere Gedanken lesen, damit sie wissen, was sie zu tun haben. Ein ähnliches Problem rührt aus den unterschiedlichen Persönlichkeiten, die bei einer Zusammenarbeit miteinander zu tun haben. Das beinhaltet Unterschiede in unseren Gefühlen, Wünschen, Motivationen, Ängsten und Ansprüchen; unserem Wertesystem und unseren Beurteilungen; darin, was wir von uns selbst denken; in der Einstellung zur Arbeit, zur Firma, zu Kollegen und Kunden und zum gesunden Wettbewerb. Wie können wir also mit anderen zusammenarbeiten, die von uns so verschieden sind, daß eindeutige Kommunikation und Teamwork unmöglich erscheinen?

Sie sind zum Beispiel jemand, der Ideen hochschätzt, sich an Visionen und Kreativität begeistert, und Sie arbeiten mit jemanden zusammen, dessen Einstellung zu neuen Herausforderungen kleinlich, vorsichtig und konservativ ist. Oder Sie haben zu Ihren Kollegen ein emotionales Verhältnis, sehen sie als Menschen, die sie schon lange kennen, während ein anderer alle als Angestellte sieht und sie immer nur nach ihrer letzten Arbeit bewertet. Solche grundlegenden Unterschiede, die den Kontext menschlicher Beziehungen im Arbeitsbereich betreffen, scheinen unüberbrückbar, was das gegenseitige Verstehen angeht. Wir sprechen zwar die gleiche Sprache, sind aber auf unterschiedlichen Wellenlängen – und Worte bekommen völlig unterschiedliche Bedeutungen.

In der Situation einer Rede, also einer Interaktion, können große Unterschiede auftauchen. Wir müssen daher Rede und Handlung unseres Gegenübers interpretieren und uns überlegen, was wir als nächstes sagen und tun. Was auch immer die wirkliche Ursache für das Problem innerhalb einer Interaktion ist, wir müssen uns auf unsere Interpretation beziehen. Wir können auch davonlaufen, jemanden um Vermittlung bitten, die Stellung wechseln, Beratung einholen oder andere Maßnahmen ergreifen. Oder wir verwenden strategische Rede, um einen gemeinsamen Kontext dadurch herzustellen, daß wir sagen, was wir nicht gemeinsam haben und was wir gemeinsam haben sollten. Mit dieser Taktik können wir das Problem praktisch lösen, ohne uns damit aufzuhalten, die Persönlichkeit von anderen ändern zu wollen. Strategische Rede behandelt die Symptome und nicht die Krankheit, indem sie einen funktionierenden Kontext zum gegenseitigen Verstehen herstellt. Gibt es aus irgendeinem Grund ein Mißverständnis, dann wird es durch strategische Rede sichtbar.

## Zusammenfassung

Mißverständnisse sind für jeden von uns ein Problem bei der Arbeit. Der Prüfstein, ob man sich versteht, ist der erfolgreiche Abschluß einer Aufgabe. Wenn wir uns nicht richtig verstehen, funktioniert auch die Arbeit nicht. Zeit und Geld gehen verloren. Haben wir einmal begriffen, warum Mißverständnisse normal sind und wie sie in der Natur der Sprache begründet sind – und nicht in der Persönlichkeit des Sprechers –, dann können wir Mißverständnissen vorbeugen, indem wir die Alltagssprache gekonnt verwenden.

Aufgrund der der Sprache eigenen Mehrdeutigkeit sind Mißverständnisse normal. Das heißt nicht, daß man sie hinnehmen muß oder daß sie immer passieren müssen, sondern daß sie ziemlich alltäglich sind. Wenn wir aber andere auffordern, sich genauer auszudrücken, dann wirkt dies oft befremdlich. Man vertraut darauf, daß wir wissen, was andere meinen, und das Ungesagte irgendwie schon mitkriegen.

Die Ethnomethodologie lehrt, daß Rede indexikalisch ist – die Bedeutung hängt vom Kontext ab – und zugleich auch reflexiv – der Kontext hängt von der sprachlichen Bedeutung ab. Das Problem der Mißverständnisse rührt daher, daß der Kontext des Verstehens nicht automatisch gegeben ist. Wir sind gefordert, den Kontext des Verstehens herzustellen. Ist dieser von dem unseres Gegenübers verschieden, mißverstehen wir uns.

Wenn wir die Möglichkeiten und Grenzen der Rede kennen, dann können wir bestimmte Probleme vorhersehen. Wenn wir den interpretativen Charakter der Sprache verstehen, dann können wir Mißverständnisse sogar bewußt einsetzen (um zu neuen Ideen und Problemlösungen zu gelangen) und ebenso bewußt vermeiden. Die Folgen von Mißverständnissen können unerheblich oder katastrophal sein, sie stellen jedoch ein Problem für jede Firma und jede Organisation dar. Für sie wie für uns ist das Bemühen, Mißverständnisse in den Griff zu kriegen, von großer Bedeutung.

Zweites Kapitel

# Mehr als nur Gedankenlesen: Die Stärke strategischer Rede

Jeden Tag treffen Sie Entscheidungen darüber, was Sie sagen oder was Sie nicht sagen und wie Sie es sagen. Sie möchten dabei hart oder zurückhaltend sein, direkt oder indirekt, offen oder geheimnisvoll, klar oder begriffsstutzig, einfach oder kompliziert. Ob Sie auf diese Weise erfolgreich kommunizieren, hängt nicht nur davon ab, was und wie Sie etwas sagen, sondern auch davon, wie der andere es hört. Dieses Kapitel wird Ihnen die Stärke der Rede verständlich machen, damit die Leute, mit denen Sie sprechen, Sie so verstehen, wie Sie es beabsichtigen, unabhängig von der Art der Mitteilung.

## Verständnis für Mißverständnisse

Häufig sehen Sie abends im Fernsehen die Wettervorhersage. Sie wissen, daß Sie das Wetter nicht ändern können. Was soll's also? Aber es gibt ein paar praktische Gründe. Wenn Sie wissen, ob es Sonne, Regen, Schnee, Sturm, Hagel, Gewitter, Ebbe oder Flut geben wird, dann können Sie besser planen. Auch wenn Sie das Wetter nicht ändern können, so gibt Ihnen die Vorhersage doch die Möglichkeit, Ihr Verhalten entsprechend anzupassen. Wissen und Verstehen machen Sie für Ihr Handeln planungssicher.

Mißverständnisse zu verstehen kann Ihnen die gleiche Kraft über sich selbst geben. Sie können zwar nicht die Reflexivität und Indexikalität der Sprache ausschalten, aber Sie können Ihre Rede verändern. Sie können deren Unbestimmtheit überwinden, indem Sie die Eigenschaft der Rede nutzen, um einen gemeinsamen Kontext herzustellen. Sie können sogar ausdrücklich einen gemeinsamen Kontext herstellen, wenn Sie mit

Sorgfalt bedenken, was Sie sagen und wie Sie es sagen. Sie können die Austauschformen innerhalb eines Gesprächs für die Gewißheit nutzen, daß Sie und Ihr Gegenüber sich verstehen.

## Verstehen mittels Rede und gemeinsamen Kontext

Rede und gemeinsamer Kontext ermöglichen das Verständnis untereinander. Die Rede macht anderen zugänglich, was in unseren Köpfen vorgeht. Gemeinsamer Kontext bildet die Grundlage für gemeinsames Verstehen. Wir schaffen einen Kontext mit unserem Wissen, unserer Erfahrung, unserem Verstehen, der Vorstellungskraft, den Wünschen und praktischen Interessen und verwenden all das, um zu verstehen, was gesagt wird. Wir bestimmen den Kontext auch aus der Situation einer Interaktion, dem Ort, der Zeit, dem Zweck und der Rede selbst. Der Kontext beinhaltet auch das erst noch Kommende. Erleuchtet von einer neuen Erfahrung kann man hinterher immer sagen: «Ach, das hatte sie gemeint.»

Wir schaffen einen Kontext, ob bewußt oder weniger bewußt, indem wir unter alternativen Interpretationen auswählen. Wir entscheiden uns für die geeignete Variante eines Wer, Was, Wo, Wann, Warum und Wie. Noch genauer gesagt, schaffen wir einen Kontext, indem wir die Rede auf Faktoren wie die Zeit, das Ereignis, den Sprecher und seine oder ihre Biographie, die Absichten des Sprechers und Vermutungen über einen gemeinsamen Wissenshorizont beziehen. Wir müssen dabei entscheiden, was wichtig ist und was nicht. Der Sprecher kann uns helfen, wenn er auf die wichtigsten Kontextpunkte selbst hinweist. Aber deren Interpretation ist letztlich unsere Sache.

Der offensichtlichste Teil des Kontexts ist die Abfolge, in der die Wörter und Sätze erscheinen. Wenn wir reden, dann wird etwas nacheinander gesprochen, in einer Folge. Dieses Aneinanderreihen der Rede ergibt einen für die Bedeutung wichtigen Teil des Kontextes.

Die folgenden Beispiele stammen von Patientengesprächen, die von den Soziologen Candace West und Richard Frankel untersucht wurden. Die Antworten der Patienten auf die Frage des Arztes scheinen ganz eindeutig:

| | |
|---|---|
| 1. Patient: | Wir hatten nie wegen Suff Scherereien mit derPolizei. |
| 2. Patient: | Wahrscheinlich habe ich diese Adern. Aber ich weiß nicht, ob sie zu sind oder nicht. |
| 3. Patient: | B-E-T-T-Y. |

Die Grammatik ist nicht ganz einwandfrei, aber die Antworten sind klar und geradeheraus. Der erste antwortet auf die Frage, ob er schon mal was mit der Polizei zu tun hatte. Das zweite Beispiel stammt aus einem Gespräch über die Adern des Patienten. Das dritte betrifft das Buchstabieren oder genaue Aussprechen eines Eigennamens.

Nun werde ich diese Antworten in einen Kontext stellen, indem ich die vorhergehenden Fragen hinzusetze, und Sie werden sie anders verstehen:

| | |
|---|---|
| Arzt: | Gab es in Ihrer Familie Fälle von gefährlicher Herzinsuffizienz? |
| Patient: | Wir hatten nie wegen Suff Scherereien mit der Polizei. |
| Arzt: | Haben Sie variköse Adern? |
| Patient: | Wahrscheinlich habe ich diese Adern. Aber ich weiß nicht, ob sie zu sind oder nicht. |
| Arzt: | Ihr Name? |
| Patientin: | Betty Groff. |
| Arzt: | Wie wird das geschrieben? |
| Patientin: | B-E-T-T-Y. |

Fragen und Antworten in ihrer Abfolge verändern die Bedeutung für uns. Die Fragen des Arztes geben der ganzen Sache einen neuen Dreh und den Antworten einen anderen Sinn.

PR-Profis gebrauchen (oder mißbrauchen) oft die Abfolge zu ihrem Vorteil. Eine Theaterkritikerin schreibt: «Das neue Broadwaymusical *Ghetto Lovers* ist im großen und ganzen so kläglich wie sein Titel, obwohl es ein paar gute Melodien gibt und zwei Tanzeinlagen, die an die *West Side Story* erinnern.» In der Werbung heißt es dann: «Lassen Sie sich das neue Broadwaymusical *Ghetto Lovers* nicht entgehen! 'GUTE MELODIEN' und 'TANZEINLAGEN, DIE AN DIE *WEST SIDE STORY* ERINNERN', schreibt Jane Doe von der 'Daily Gazette'.» Aus dem Kontext gerissen, klingen die beiden Zitate vorteilhaft.

Wenn Sie auf die Rede anderer achten, dann können Sie oft hören, wie der Kontext in der Rede selbst hergestellt wird. Hören Sie zum Beispiel dieser Geschäftsberatung genau zu:

Miguel: Krystal, was war das letzte vom Verkauf in Chicago?

Krystal: Jessicas neue Kollektion von Sportsachen geht weg wie warme Semmeln.

Jolene: Ich habe erfahen, daß nicht genug auf Lager sind. Reden wir noch einmal über das Problem der Inventarkontrolle, das wir hier haben. Am Computerprogramm liegt es meiner Meinung nach nicht. Es ist die mangelhafte Information, die wir in das Programm geben.

Jolenes Ansprechen der Inventarkontrolle wäre unangebracht, wenn sie nicht ausdrücklich einen Kontext zum Verständnis ihrer Aussage geschaffen hätte. Ohne ihre kontextstiftende Äußerung («Ich habe erfahren, daß nicht genug auf Lager sind. Reden wir noch einmal über das Problem der Inventarkontrolle, das wir hier haben») wäre die Unterredung wie folgt verlaufen:

Miguel: Krystal, was war das letzte vom Verkauf in Chicago?

Krystal: Jessicas neue Kollektion von Sportsachen geht weg wie warme Semmeln.

Jolene: Am Computerprogramm liegt es meiner Meinung nach nicht. Es ist die mangelhafte Information, die wir in das Programm geben.

Wenn Jolene ihre Rede nicht in den Kontext der Inventarprobleme gestellt hätte, dann wären ihre Bemerkungen Nonsens für Miguel und Krystal; sie hätten nicht gewußt, wie sie zu interpretieren sind. Zunächst einmal hätten sie gar nicht gewußt, warum sie plötzlich über das Computerprogramm spricht. Außerdem hat die Firma viele Computer mit unterschiedlicher Software für Lohnbuchhaltung, Personalakten, Abrechnung, Steuern, Bestellungen, Verkaufsstatistik, Materialbeschaffung und Inventar. Wie hätten sie wissen sollen, auf welches Programm Jolene sich bezieht? Mit etwas Glück würden Miguel und Krystal vielleicht richtig raten, aber vielleicht auch nicht.

## Hintergrundwissen als Bestandteil des Kontexts

Wir nutzen unser Hintergrundwissen, das in der Ethnomethodologie als das gesicherte Wissen bezeichnet wird, um einen Kontext herzustellen. Am besten läßt sich das zeigen, wenn man in einer Demonstration dieses Hintergrundwissen blockiert. Ein besonders bewegendes Beispiel läßt sich in Tobias Schneebaums Geschichte von einem Künstler aus Brooklyn finden, der das Paradies auf Erden suchte, als er bei den Akaramas, einem Stamm im peruanischen Regenwald, lebte.

Die Geschichte ist eine Parabel vom Garten Eden. Der Regenwald versorgte den Künstler mit allem, was er zum Leben brauchte. Es war warm und angenehm, alles umhüllte und ernährte ihn. Er fühlte absoluten Frieden – mit einer Ausnahme. Er wollte seine eigene Welt gänzlich hinter sich lassen und ein echtes Mitglied der Stammesgemeinschaft in diesem irdischen Paradies werden. Er lernte ihre Sprache, trug keine Kleidung mehr, rasierte sein Körperhaar, wußte, wie man den Speer wirft und mit Pfeil und Bogen umgeht. Er aß, schlief und jagte mit ihnen. Aber er konnte nicht vergessen, wer er war und was er wußte.

Seine Welt war anders als die der Eingeborenen, denn sein Wissen war ein anderes. Er wußte, daß die weißen Gipfel der Berge, die man vom höchsten Punkt des Dorfes sehen konnte, schneebedeckt – es waren keine weißen Blumen. Er konnte nicht dieselben Dinge als so gegeben ansehen. Ihre Art zu leben und zu sterben war nicht seine. Sie waren Kannibalen, und er konnte seine Gefühle der Angst, der Schuld und der moralischen Rebellion nicht unterdrücken. Sein eigenes Wissen verhinderte das Hintersichlassen seiner Welt und ließ die Wirklichkeit der Akaramas von seiner grundverschieden sein. Diese Separierung – seine Unfähigkeit, den Kannibalismus zu akzeptieren und sogar mitzumachen – führte zu seiner Verstoßung.

Von dieser Geschichte kann man einiges lernen über das gesicherte Wissen und seinen Kontext. Unser gesichertes Wissen liefert die Grundlage unserer Erfahrung und eines Verständnisses der Welt. Es ist Teil eines Fundaments. Wir nehmen es gar nicht wahr, aber wir stehen auf ihm, wenn wir das interpretieren, was wir sehen und hören. Um dieses Grundwissen sichtbar zu machen, müssen wir unsere alltäglichen Gewohnheiten aufgeben.

Wir nehmen vieles als gesichert an: Namen von Dingen, Gestalten und Leuten, inklusive unseres eigenen Namens; wie man etwas erledigt, wie man sich anzieht, ißt und sich benimmt. Wenn unsere Umwelt sich ändert und wir andere mit ihren Gewohnheiten sehen, werden wir auch aufmerksamer für unsere eigenen. Auslandsreisen lassen das ganz offensichtlich werden, aber wir müssen gar nicht in ferne Länder schauen. Bedeutende Unterschiede kann man schon ganz nah finden.

Innerhalb unserer Arbeitswelt gibt es Leute, die verschiedene Ansichten über diese haben. Man sollte nicht annehmen, daß alle die gleichen Ziele verfolgen. Leute können verschiedene praktische Interessen haben oder auch verborgene Absichten. Selbst wenn jeder in den Rollen, Regeln,

Prozessen, Methoden und Zielsetzungen ausgebildet und geübt ist, heißt das noch lange nicht, daß jeder denselben gesicherten Hintergrund hat.

Was ist allen gemeinsam? Das können wir so abstrakt gar nicht wissen. Jedesmal, wenn wir mit jemandem zu tun haben, können wir etwas über die Gemeinsamkeiten erfahren – durch unsere Kommunikation in diesem Moment. Aber eine Kommunikation, die auf den angenommenen und nicht explizit abgesicherten Gemeinsamkeiten in Zielen, Absichten oder Wissen basiert, kann kläglich versagen. Wir können einfach nicht den gemeinsamen Kontext als gesichert ansehen.

Wenn wir es mit Leuten außerhalb unseres unmittelbaren Arbeitsbereichs zu tun haben, was wissen wir dann schon über ihr gesichertes Hintergrundwissen? Was ist der Unterschied zwischen dem, was wir, und dem, und was sie wissen? Wie paßt ihre Welt zu unserer, wenn es ums Geschäft geht? Unsere Kontexte können so verschieden sein, daß unsere Interaktion die verschiedenen Wirklichkeiten kollidieren läßt. Deshalb müssen wir den Kontext unserer Rede ausdrücklich klarmachen.

### *Verstehen benötigt einen gemeinsamen Kontext*

Wir versichern uns eines gemeinsamen Kontexts durch Rede, jedoch nicht durch irgendeine. Mit Ein-Weg-Kommunikation kann man nicht herausfinden, ob es einen gemeinsamen Kontext des Verstehens gibt. Solange man sich nicht in Rede und Gegenrede verständigt, gibt es keine Möglichkeit der Kontrolle. Man kann nur abwarten, was der Hörer anschließend tut oder sagt, und hoffen, daß er genau so versteht, wie wir es beabsichtigt haben.

Zweifellos gibt es Situationen, in denen Kommentare und Nachfragen unmöglich sind. Schauen wir mal auf die kleine Anfeuerungsrede eines Abteilungsleiters: «Die Produktivität in dieser Abteilung muß radikal verbessert werden. Ich weiß, daß Sie alle ebenso besorgt sind wie ich, und ich weiß auch, daß Sie das Nötige tun können, damit es anders wird. Bitte jetzt keine Fragen oder Bemerkungen. Gehen Sie und machen Sie Ihre Arbeit.»

Der Abteilungsleiter erwartet, daß die Angestellten die Schwachstellen beheben. Natürlich verrät diese Ein-Weg-Rede nichts darüber, was wirklich verstanden wurde. In dieser Situation sind Indexikalität und Reflexivität der Sprache eine undurchdringliche Barriere des gegenseitigen Verstehens.

Im folgenden Beispiel haben Gary und Jean jeweils einen anderen Kontext für das, worüber sie sich unterhalten:

Gary: Jean, ich brauche das Vorführmaterial für den XLR-Kopierer für eine Promotionkonferenz heute nachmittag. Wie schnell kannst du mir das besorgen?

Jean: Wer kommt zu der Konferenz? Welches Vorführmaterial brauchst du?

Gary: Was meinst du? Gibt es etwa verschiedene?

Jean: Warst du nicht bei der Marketingsitzung letzte Woche?

Gary: Nein, ich war gar nicht im Büro.

Jean: Gut, wir haben jetzt verschiedenes Material für jede der von uns angebotenen Versionen und für jedes der einzelnen Leasingpakete.

Gary: Okay, gib mir alle, ich krieg das noch vor der Konferenz raus. Und falls du einen Moment Zeit hast, dann sag mir doch, welche du am besten geeignet für diese Interessenten hältst.

Wenn Gary über Vorführmaterial spricht, dann denkt er, daß Jean gleich weiß, wovon er redet. Aber er liegt falsch. Jean weiß nicht genau Bescheid, denn sie weiß mehr als Gary. Gary hat die Sitzung verpaßt, welche Jean einen neuen Kontext mit neuen Informationen eröffnete. Sie haben sich nicht verstanden, weil sie nicht den gleichen Informationsstand über das Vorführmaterial haben. Wenn dieser Unterschied deutlich wird, dann ist das Mißverständnis durch Frage und Antwort auszuräumen.

Das Mißverständnis passierte aus drei Gründen. Erstens konnten Jean und Gary nicht die Gedanken des andern lesen. Zweitens hatten ihre

Worte viele mögliche Bedeutungen und mußten interpretiert werden. Und drittens hatte jeder einen anderen Kontext. Jeans Frage nach der Bedeutung von Garys Bitte enthüllte ihre unterschiedlichen Kontexte und öffnete den Weg eines Verstehens.

Obwohl die meisten von uns nicht bewußt wahrnehmen, wie sehr klare Kommunikation vom gemeinsamen Kontext abhängt, zeigt unser Beispiel, daß wir es in gewisser Weise doch wahrnehmen. Wenn wir zu jemanden sagen «Es hängt alles davon ab, daß ...», dann zeigen wir, daß wir wissen, wie Bedeutung vom Kontext abhängt. Wenn ich mit meinen Mitarbeitern über ein Projekt spreche, das uns schon drei Wochen lang beschäftigt, dann beziehe ich mich natürlich auf deren Beteiligung. Ich kann mich darauf verlassen, daß sie bestimmte Details schon kennen. Ich muß nicht noch einmal alles buchstabieren.

Es ist das gleiche, wenn sich zwei alte Freunde zum Essen treffen. Sie können sich in Kurzformeln verständigen, denn sie haben ein gemeinsames Hintergrundwissen. Ein Zuhörer könnte folgenden Wortwechsel vernehmen:

Phoebe: Hast du schon von Victor und Emily gehört?
Jane: Ja, das ist doch toll.
Phoebe: Immerhin eine Überraschung.
Jane: War's auch für mich.
Phoebe: Aber du warst älter.

Phoebe und Jane wissen, daß sie über eine unerwartete Schwangerschaft sprechen. Aber was wissen wir als Außenseiter davon? Wir müssen die Leerstellen ausfüllen, um das Gespräch zu verstehen. Wir können es nicht verstehen, ohne alle die gemeinsamen Hintergründe von Jane und Phoebe zu kennen. Sie könnten für Stunden sich so unterhalten, und wir würden weiterhin im dunkeln tappen.

### *Wie man einen gemeinsamen Kontext in der Rede herstellt*

Wieviel Gemeinsamkeit wir mit jemandem haben, finden wir heraus, indem wir soviel wie möglich über seinen individuellen Hintergrund erfahren und indem wir mit ihm reden, ihm zuhören und zusehen. Wenn wir eine Unterhaltung beginnen, dann schätzen wir, was der andere schon weiß. Täten wir das nicht, dann würden wir gar wissen, wie anzufangen oder was zu sagen ist. Wenn wir annehmen, daß der andere mehr weiß, als es tatsächlich der Fall ist, dann reden wir über seinen Kopf hinweg. Wenn wir annehmen, daß es weniger ist, dann klingt es herabsetzend.

Eine Möglichkeit zu zeigen, wie Rede gemeinsamen Kontext erzeugt, ist der Unterschied der Rede von Kindern und Erwachsenen. Erwachsen zu sein heißt, wie ein Erwachsener zu klingen. Und das heißt, erfahren zu sein im Einschätzen und Ausfindigmachen, wieviel der andere bereits weiß. Unterhaltungen zwischen Erwachsenen und Kindern klingen oft wie diese zwischen Vicky (erwachsen) und Johnny (5 Jahre alt):

Vicky: Hallo. Wie heißt du denn?
Johnny: Johnny. Weißt du was?
Vicky: Was denn?
Johnny: Mary hat mir meinen Buntstift weggenommen und gibt ihn nicht zurück. Und ich wollte es Marions Mutter sagen, aber sie mußte einkaufen gehen.

Johnny klingt wie ein Kind, denn seine Rede nimmt kaum Rücksicht darauf, was Vicky weiß oder wissen sollte, um seine Geschichte zu verstehen. Er redet, als ob Vicky genug Hintergrundwissen hätte, obwohl es ihre erste Begegnung ist.

Aber als Erwachsene machen wir auch den Fehler, das Et-cetera-Prinzip zu strapazieren, wenn wir einen gemeinsamen Kontext annehmen, der entweder gar nicht da ist oder auf den kein Bezug genommen wird. Das Problem ist, daß erst mal was schieflaufen muß, bevor wir mitkriegen, daß wir keinen gemeinsamen Kontext haben. Wir können das durch entsprechende Rede verhindern, denn Rede selbst kann den Kontext für ihr Verständnis herstellen.

## Der Sprecher muß zuhören und der Zuhörer sprechen

Geschultes Zuhören ist offenkundig wichtig. Viele Firmen sind wegen Mißverständnissen besorgt, wenn sie mit Kunden arbeiten, und legen daher großen Wert aufs richtige Zuhören als entscheidende Technik. Schlechtes Zuhören passiert, wenn Leute abblocken, was sie nicht hören wollen, wenn sie abgelenkt sind, lieber selber reden und von guten Komunikationstechniken nicht viel wissen. Zuhören kann man üben. Wir können unsere Telefongespräche aufnehmen, um herauszufinden, wer am meisten spricht und wieviel wir beim ersten Mal verstanden haben.

Aber auch besseres Zuhören kommt nicht ohne die Notwendigkeit der Interpretation aus. Man kann sein eigenes Zuhören beherrschen, aber wie ist das mit den anderen? Man kann das nicht kontrollieren, ja nicht einmal genau erkennen, solange wir nicht mit ihnen reden und die Wirkung sehen. Wenn andere nur zuhören, aber selbst nie die Chance haben, auch was zu sagen, dann können wir sie nur nach dem beurteilen, was sie tun. Und sie machen es falsch, weil sie uns nicht verstanden haben, oder vielleicht richtig, aber aus einem anderen Grund.

Gutes Zuhören ist notwendig für das Verstehen, aber keine Garantie. Wir können nicht verstehen, was wir nicht hören. Und wir geben das Gehörte kund, wenn wir reden, nicht wenn wir zuhören. Wir müssen uns beim Reden und Zuhören abwechseln als Sprecher und Zuhörer, um unser Verstehen zu bekunden.

Nicht jede Rede schafft einen gemeinsamen Kontext. Rede und Gegenrede sagt uns nichts darüber, was jeder verstanden hat. Wir müssen ganz bewußt spezielle Strategien anwenden, um als Sprecher das, was wir als Hörer verstanden haben, zu verdeutlichen bzw. das, was unser Hörer verstehen soll, in der Rede hervorzuheben. Solange wir das nicht tun, können wir eines gemeinsamen Kontexts und Verstehens nicht sicher sein.

## Strategische Rede als Weg zum gemeinsamen Verstehen

Wir können den indexikalischen und reflexiven Charakter der Sprache ausgleichen, wenn wir uns als Sprecher und Hörer im Verlaufe des Gesprächs abwechseln. Indem wir das tun und indem wir ganze bestimmte Arten der Rede anwenden – nämlich Formulierungen, Fragen und Antworten, Paraphrasierungen, Beispiele und kleine Geschichten –, können wir ein gemeinsames Verstehen erreichen und gemeinsamen Kontext hervorheben. Das nenne ich strategische Rede, da das Anwenden dieser Technik die Mehrdeutigkeit der Sprache vermeidet.

Die Elemente strategischer Rede sind keine neuen Entdeckungen der Ethnomethodologie oder der Konversationsanalyse. Wenn man sie aber im vollen Bewußtsein des indexikalischen und reflexiven Charakters der Sprache anwendet, sind sie etwas Besonderes. Ein solcher Ansatz führt uns in die soziale Konstruktion des Kontexts und der Bedeutung, da wir uns als Sprecher und Hörer beim Verstehen abwechseln. Diese Art der Rede ist ein Teil der Anforderungen in unserem Berufsleben. Die Verantwortung, einen Kontext für das Verstehen unserer komplexen Welt zu schaffen, fällt auf jeden von uns.

### *Formulierungen*

Im Jargon der Ethnomethodologie, wie sie von Harold Garfinkel und Harvey Sacks erläutert wird, nennt man die erste Art der strategischen Rede Formulierungen. Formulierungen etikettieren die Rede oder fassen sie zusammen. Sie reflektieren den entstehenden Kontext der Rede, indem sie auf vielfältige Weise ausdrücken, worüber wir reden, warum und wer spricht, wer und wo wir sind, was wir machen und wie wir es machen.

Wenn solche Formulierungen beschreiben, erklären, charakterisieren, erläutern, übersetzen, zusammenfassen oder «auf den Punkt kommen», dann sagen sie uns, wie wir den Kontext zu verstehen haben und was in genau dieser Situation gesagt wird. Wenn wir Rede formulieren, dann verlassen wir für einen Moment die Unterhaltung und sagen dem anderen, was er von uns in dieser Unterhaltung verstehen soll. Wir stellen unsere Interpretation dar, und das gibt ihm die Chance (für sich oder laut) zu sagen: «Ach, das haben Sie also gemeint.» Er könnte auch erwidern: «Das habe ich mir auch schon gedacht.» Oder: «So habe ich Sie gar nicht verstanden.» Formulierungen sind unendlich nützlich, um Verstehen zu kontrollieren. Man benutzt diese Formulierungen in gewöhnlichen Unterhaltungen, in Sitzungen, bei der Ausbildung, in Radio- und Fernsehinterviews und Talkshows – kurz, bei jeder Gelegenheit, wo Leute miteinander reden. Formulierungen sind solche allgemeinen Wendungen wie «Sie haben also gesagt, daß ...» oder «Ich möchte jetzt einmal darüber sprechen ...»

Weiter oben in diesem Kapitel haben wir gesehen, wie Jolene sich dieser Technik bediente, um die Besprechung des Inventarproblems zu eröffnen. Hier ist noch ein Beispiel für Formulierungen. Mary ist Senior Manager eines großen Produktionsbetriebes. John ist Junior Manager. Eines Morgens kommt John in Marys Büro und fängt an, ein Problem zu erläutern, mit dem er gerade in der Versandabteilung zu tun hatte.

John: Ich möchte mal kurz mit Ihnen reden.

Mary: Was gibt's?

John: Es sieht so aus, also ob die Gewerkschaft den Versand morgen schließen wird wegen der Maßnahme gegen unentschuldigte Abwesenheit letzte Woche.

Mary: Wie ernst ist es?

John: Solange wir niemanden da runterschicken, um die Wogen zu glätten, werden sie in den Ausstand gehen.

Mary: Sie meinen also, ich soll mal mit Bill reden, dem Gewerkschaftsvertreter.

John: Ja, das wäre wohl das beste.

Mary: Geben Sie mir zu verstehen, daß Sie das auch selbst regeln könnten?

John: Ich könnte es versuchen. Aber bei Ihrer Erfahrung, denke ich, würden Sie die besseren Aussichten haben, das hinzukriegen.

Es gibt drei Formulierungen in dieser kleinen Unterredung. Zuerst sagt John zu Mary, daß er im folgenden über ein Problem reden möchte. Zweitens liefert Mary dann ihre Interpretation von dem, was John als Problem anspricht, indem sie fragt, ob sie mit dem Gewerkschaftsvertreter sprechen soll. Und drittens läßt Mary John wissen, daß sie ihn so versteht, daß er das Problem allein nicht lösen kann. Alle diese Formulierungen werden von den Sprechern als Interpretationen des Gesprächs geäußert. Naturgemäß blieb einiges aus dem Hintergrund ungesagt. Daher haben beide Sprecher, anstatt das Verstehen ihrer Unterredung dem Zufall zu überlassen, ihre Interpretationen explizit dargestellt.

Die Tatsache, daß wir alle Formulierungen in unserer Alltagsrede verwenden, belegt, daß wir schon davon ausgehen, Verstehen nicht dem Zufall zu überlassen. Wenn wir sichergehen wollen, daß andere hören, was wir auf bestimmte Art sagen, dann benutzen wir Formulierungen wie «Ich möchte Ihnen etwas sagen ...» Wenn wir unsere Interpretation des Gehörten überprüfen wollen, dann formulieren wir beispielsweise so: «Sie meinen also, daß ...» Aber obwohl wir bereits diese Formulierungen gebrauchen, kann unsere Kommunikation noch dadurch verbessert werden, daß wir sie noch bewußter gebrauchen. Wenn wir einmal die Funktionsweise solcher Formulierungen kennen, dann können wir von ihnen dann Gebrauch machen, wenn ein Verstehen absolut gewährleistet sein muß. Solange wir keine Formulierungen verwenden, riskieren wir Mißverständnisse.

Noch ein Beispiel. Der Interviewer einer Nachrichtensendung hat gerade den Gast, eine Expertin, gefragt, was sie über den Stand der Friedensverhandlungen im Nahen Osten denkt. Der Gast antwortet ausführlich, und der Interviewer sagt: «Sie meinen also, daß es vergeblich ist, solange die Israelis nicht bereit sind, Land zurückzugeben.» Der Gast: «Nein, das habe ich nicht gesagt. Ich sagte, daß ich denke ...»

Der Interviewer sagte, wie er die Ausführungen der Expertin interpretierte; sie erklärte, daß seine Interpretation unrichtig sei. Hätte der Interviewer seine Interpretation nicht geäußert, dann hätten er und sein Gast angenommen, er habe verstanden, wohingegen er doch nicht richtig verstanden hat. Das hätte zu komplizierten Folgen im weiteren Programm führen können. Und wenn der Interviewer es nicht richtig verstanden hat, dann haben die Zuschauer es vielleicht auch nicht richtig mitgekriegt. Formulierungen geben anderen die Möglichkeit, ja oder nein zu unserer Interpretation zu sagen, und umgekehrt uns die Möglichkeit, ihre zu bejahen oder zu verneinen.

### *Fragen und Antworten*

Fragen und Antworten sind ein wichtiger Teil der strategischen Rede. Sie sind hinsichtlich der Verstehensgewährleistung am umfassendsten. Wir können nach den Antworten auf unsere Fragen einschätzen, ob andere uns verstanden haben. Oft braucht man eine ganze Reihe von Fragen und Antworten, um Mißverständnisse aufzuklären.

Bei der Arbeit kann das Stellen von Fragen zu den schwierigsten Sachen gehören, weil viele Leute davon ausgehen, daß Sprache im Grunde klar und eindeutig ist, und sie davon ausgehen, daß man sie beim ersten Mal gleich versteht. Es steckt auch in uns, daß Fragen stellen einen persönlichen Mangel seitens des Sprechers oder Hörers entblößt. Wenn wir fragen, so kann das heißen, daß wir nicht richtig zugehört haben oder nicht wissen, was wir eigentlich wissen sollten. Noch schlimmer, wenn wir unserem Gegenüber damit bedeuten, daß er sich nicht klar ausgedrückt hat. Jedenfalls verhalten sich die meisten Leute so, als ob Fragen ein Fehler sei. Wenn wir aber verstanden haben, daß Rede indexikalisch und reflexiv ist, dann wissen wir, warum Fragen sogar notwendig sind. Alle Situationen, in denen man irgendwie entmutigt ist, zurückzufragen, enthalten potentiell Mißverständnisse. Erinnern wir uns zum Beispiel an den Abteilungsleiter, der sich in seiner aufmunternden Rede Fragen und Bemerkungen verbittet. Was können die Angestellten schon tun?

Wir waren alle schon mal in der Situation, da uns das Fragen nach Sachen, die wir nicht richtig verstanden haben, unangenehm war, weil wir dachten, es wäre unser Fehler. In der Schule hatten Sie vielleicht einen Lehrer, der sich immer weiter über Ideen ausließ, die weder im Lehrbuch noch im Unterricht erklärt worden waren.

Sie hatten eine Menge Fragen, aber wie oft haben Sie oder andere den Arm gehoben? Fast nie? Warum? Wahrscheinlich, weil sie dachten, daß es Sie dumm erscheinen lassen würde. Und da auch niemand anders eine Frage stellte, nahmen Sie an, daß alle anderen verstanden hatten. Eine Frage in Gegenwart aller anderen zu stellen hätte Ihr Selbstwertgefühl beschädigen können. Erst später haben Sie herausgefunden, daß die anderen auch nichts begriffen hatten.

Weil Fragen Antworten fordern, sind sie das beste Mittel, um Verstehen zu überprüfen. Die Leute sind immer zu Antworten bereit, wenn sie gefragt werden. Stellen Sie sich einmal vor, Ihr Kollege stellt Ihnen die folgende Frage: «Warum denken Sie, daß das der beste Weg ist, diese Maschine zu vermarkten?» Könnten Sie darauf etwa nichts antworten? Ihr Kollege würde sich seinen Teil denken, falls Sie nicht antworteten. Vielleicht haben Sie die Frage nicht gehört, oder Sie haben sie gehört und hatten noch nicht genug darüber nachgedacht, oder Sie haben ihn einfach ignoriert, oder sie wußten keine Antwort. Fragen verlangen eine Antwort. Wenn wir keine Antwort kriegen, dann fangen wir an, uns über ihr Ausbleiben Gedanken zu machen.

Hier ist noch ein Beispiel, um den Vorteil des Fragens zu illustrieren. Adam ist Senior Manager für Produktentwicklung und Carol Marketingdirektorin.

| | |
|---|---|
| Carol: | Das ist der Plan für unsere Beratung mit den Werbeleuten. |
| Adam: | Ich denke, das wird sehr gut funktionieren. |

Carol: Wie paßt das zu Ihren Plänen?

Carols Frage bringt Adam in die Verantwortung, sein Verstehen zu zeigen. Er ist jetzt gefragt, Carols Plan in seinen eigenen Kontext zu setzen. Hätte sie sich nicht die Mühe gemacht zu fragen, sie könnte nicht sicher sein, ob er wirklich verstanden hat. Jedesmal, wenn es darauf ankommt, daß eine Planung genau verstanden wird und kein Spielraum für Fehler bleibt, muß man Fragen stellen, um herauszufinden, ob jeder verstanden hat.

***Paraphrasieren***

Wie Formulierungen, Frage und Antwort gibt das Paraphrasieren anderen die Möglichkeit, herauszufinden, ob Sie Ihr Gegenüber richtig verstanden haben. Indem wir etwas in eigene Wort fassen – paraphrasieren –, machen wir unser Verstehen der Rede anderer deutlich. Ab und zu paraphrasieren wir alle etwas, aber in der strategischen Rede tun wir es als Teil der regulären Praxis.

Paraphrasieren ist besonders gut geeignet im Gastronomiebereich. Bei Restaurants kommt es auf gutes Essen und Trinken an, auf guten Service, gute Preise und gute Aufmerksamkeit. Korrekte Reservierungen und Bestellungen sind entscheidend für diese Aufmerksamkeit. Um akkuraten Service zu gewährleisten, wird das Personal oftmals geschult, Reservierungen und Bestellungen zu paraphrasieren. Diese Übung dient drei Zwecken. Erstens ist es ein hörbares Überprüfen des Verstandenhabens. Zweitens gibt es dem Kunden eine Chance, seine Bestellung oder Reservierung zu bestätigen, zu ändern oder zu korrigieren. Und drittens bringt es jeden in die Verantwortung des Verstehens, weil jeder hören kann, was gesagt und anschließend wiederholt wurde. Die Wünsche und Interpretationen zu paraphrasieren und auf einen Nenner zu bringen, erlaubt Gästen und Personal, ihr Verstehen anzugleichen, anstatt darauf zu hoffen, daß der andere schon verstanden habe. Als ein Ergebnis dieses Austauschs dürfen Personal und Gast darauf hoffen, daß Reservierungen und Gerichte nach Wunsch sind.

### *Beispiele*

Sprache ist im allgemeinen unpräzise, weil sie indexikalisch und reflexiv ist. Während das uns erlaubt, einen große Anzahl Informationen zu verstehen, bedeutet es auch, daß alles, was wir sagen, in gewisser Weise eine Verallgemeinerung ist. Worüber wir auch sprechen, was immer wir beschreiben, man kann immer noch weiter präzisieren, was wir sagen. Der beste Weg, vom Allgemeinen zum Besonderen zu gelangen, ist, spezielle Beispiele davon zu geben, wovon wir reden.

Warum ist es so, daß «ein Bild tausend Worte wert» ist? Ein Bild ist kein Über-etwas-Reden – es ist die Sache selbst. Das Reden über ein Bild ist immer noch Rede, und wir könnten den Rest unseres Lebens damit verbringen, ohne auch nur annähernd erschöpfend jedes Detail in ihm zu erklären oder zu beschreiben. Aber ein Bild läßt uns den Sinn einer Rede erfassen: Es schafft einen Kontext für die Interpretation der Rede.

Strategische Rede benutzt Beispiele, um einen Kontext für die Interpretation herzustellen. Wenn Bilder oder Gegenstände nicht zur Verfügung stehen oder unangebracht sind, können Beispiele in Worten der nächstbeste Ersatz sein. Nehmen wir mal an, ich frage Sie nach Ihrer Firma. Wo würden Sie anfangen und wo aufhören? Was Sie mir darüber erzählen können, ist beinahe ohne Ende. Sie würden wahrscheinlich fragen: «Was wollen Sie wissen?» Haben Sie mein Interesse erst mal eingegrenzt, dann können Sie mir konkrete Beispiele geben. Ihre Beschreibung bezieht sich auf bestimmte Dinge, und diese Einschränkung schafft Ihrer Beschreibung einen Kontext, auf den ich mich mit meiner eigenen Erfahrung beziehen kann.

Falls Sie sagen, daß Ihre Firma der tollste Arbeitsplatz ist, könnte ich von Ihrem Enthusiasmus überrascht sein und mehr darüber wissen wollen. Ich könnte nach Beispielen dafür fragen, warum es bei Ihnen so toll ist. Falls ich skeptisch bleibe und denke, da muß doch auch ein Haken sein, würde ich nach einem Beispiel fragen, was Sie in Ihrer Firma gern ändern wollen. Die von Ihnen jeweils gewählten Beispiele werden mir einiges über Sie und ihre Firma sagen.

In einem anderen Kontext mit anderer Redeweise könnte dasselbe Beispiel Teil einer Geschichte werden. Das so beschriebene Beispiel gelangt dann in einen sehr ausführlichen Kontext, den der Hörer als eine Quelle der Interpretation nutzt.

### *Geschichten*

Wenn Sie jemandem eine Geschichte erzählen, um die Bedeutung ihrer Rede zu illustrieren, dann konkretisieren Sie Ihre Ideen und lassen sie in Leuten, Orten, Gegenständen und in der Zeit lebendig werden. Die Redensart «Ich erzähl dir mal eine Geschichte, damit du verstehst, was ich meine» kommt nicht von ungefähr. Vielleicht benutzen Sie ja schon Geschichten, um Verstehen besser zu ermöglichen. Nun aber, in der bewußten Erkenntnis, warum diese von entscheidender Wichtigkeit sind, werden Sie noch eher geneigt sein, Geschichten mehr und mehr einzubeziehen.

Indem Sie eine Geschichte erzählen, zeigen Sie, wie Sie eine Person, ein Ereignis, eine Idee, ein Programm, ein Problem oder dessen Lösung verstehen. Wenn Sie den Geschichten anderer zuhören, entscheiden Sie, ob deren Verstehen mit Ihrem zusammengeht. Wir können eine Geschichte erzählen, um zu zeigen, daß wir die Geschichte eines anderen verstanden haben. Um das zu bewerkstelligen, müssen wir die wesentlichen Elemente unserer Geschichte zu denen der ersten analog gestalten. Stellen Sie sich zum Beispiel vor, Sie erzählen, was während der letzten Beratung passierte. Im Erzählen der Geschichte liefern Sie die Details einer Meinungsverschiedenheit auf der Führungsebene Ihrer Firma: «Hör mal, was bei dem Meeting heute früh passiert ist. Mary und Bob sind aneinandergeraten. Sie dachte, daß Bobs Marketing-Strategie vollkommen falsch wäre. Und das hat sie ihm auch noch gesagt. Das hat ihm natürlich gar nicht gefallen. Ich denke aber, sie hat recht.»

Dann sagt jemand aus ihrer Gruppe in diesem eher vertraulichen Gespräch: «Genau das ist mir letzte Woche auch passiert.» Und weiter: «Ich hatte ein Meeting mit Ethel und Maria. Was für eine Zeitverschwendung, diese Streitereien über Produktionstermine.»

Die zweite Geschichte geht an dem Sinn Ihrer Geschichte vorbei. Sie haben daher die Wahl. Sie können das Thema wechseln und den Erzähler der anderen Geschichte nicht weiter in Verlegenheit bringen. Oder Sie könnten Interesse zeigen und dann auf Ihre Geschichte zurückkommen: «Ich verstehe schon, daß du das als Zeitverschwendung empfunden hast. Aber der wichtige Punkt ist doch, daß das, was ich bei Bob und Mary gesehen habe, als konstruktiv erscheint.» Auf jeden Fall hat Ihre Geschichte dem, was Sie sagen wollen, zum Ausdruck verholfen, indem es für die Hörer in einem speziellen Kontext erschien und ihnen bei der Eingrenzung möglicher Bedeutungen half. Sie können dann ihre Interpretation in einer zweiten Geschichte anbieten. Danach kann man alle zu vernehmenden Mißverständnisse ausschalten.

## Informiertes Handeln

Eines der wichtigsten Ziele strategischer Rede ist das informierte Handeln. Informiertes Handeln bedeutet die Erledigung eines Auftrags, wie es sein soll – mit einem gemeinsamen Verstehen der vollen Bedeutung dessen, wie er richtig auszuführen ist. Das bedeutet höchstes Niveau von Effizienz und Verantwortlichkeit. Das bedeutet schließlich die Optimierung der menschlichen, körperlichen und finanziellen Ressourcen für die Arbeit der Firma. Dieses Ziel wird wohl jeder Betrieb erreichen wollen. Der Einsatz strategischer Rede kann dabei helfen, das zu erreichen. In bestimmten Bereichen braucht man vielleicht nur einige Aspekte strategischer Rede zu berücksichtigen; in anderen, besonders da, wo Verstehen von entscheidender Bedeutung ist oder die Organisation kompliziert, kann jede der Techniken erforderlich sein.

## Zusammenfassung

Eine Lösung des Problems von Mißverständnissen, die in der Indexikalität und Reflexivität der Sprache ihre Ursachen haben, liegt in der strategischen Rede, die einen gemeinsamen Kontext des Verstehens herstellt. Diese Art der Kommunikation kann Ihr persönliches und berufliches Leben entscheidend verändern. Verstehen kann man nicht als automatisch gegeben ansehen. Wenn Sie Ihr Verständnis von Mißverständnissen ändern, so ändert sich auch Ihre Welt damit. Kommunikationsprobleme, die zuvor noch eine Ursache für Frustration, Verwirrung und Unbehagen waren, kann man nun erklären und lösen.

Um einander zu verstehen, brauchen wir einen im Gespräch erzeugten gemeinsamen Kontext.

Der gemeinsame Kontext bedeutet, daß die Rede der Beteiligten auf derselben Grundlage für alle interpretierbar ist. Alle Elemente des Kontexts – sowohl die, die wir selbst in die Situation hineinbringen, als auch jene, die wir dort vorfinden – existieren praktischerweise in diesem Moment dieser Situation.

Mißverständnisse passieren meistens, wenn wir annehmen, daß beide Seiten von dem Wer, Was, Wo, Wann, Warum und Wie der Situation die gleiche Vorstellung haben. Wenn wir beide in derselben Firma tätig sind, so ist es eher der Fall, daß der andere genausoviel wie wir über all das weiß, was eine bestimmte Tätigkeit angeht. In derselben Firma zu arbeiten bringt Leute ganz offensichtlich leichter in einen gemeinsamen Kontext – aber nicht für alles. Ohne denselben Kontext können wir auch nicht desselben Verstehens sicher sein. Tatsächlich können wir nie sicher sein, den gleichen Kontext mit jemand gemeinsam zu haben – ob Chef, Kollege, Freund, Liebster oder Gatte – solange wir nicht sehen, ob das, was wir abgesprochen haben, auch gemacht wird.

Wir können strategische Rede als Sprecher und Hörer einsetzen, um Mißverständnisse zu vermeiden, indem wir uns des richtigen Kontexts versichern. Strategische Rede ist aus verschiedenen Gründen notwendig.

Erstens: Egal, wieviel wir über andere wissen, sie können Ideen haben und Fakten kennen, die uns als Kontext unbekannt sind. Zweitens: Wir können den Kontext anderer nur durch ihre Aussagen und Handlungen einschätzen. Drittens: Die Aussagen und Handlungen können auf ganz anderer Grundlage stehen, als wir vermuten. Rede und Handeln zeugen nicht automatisch von einem gemeinsamen Kontext. Solange die Dinge gut laufen, ist das kein Problem. Schließlich reicht im normalen Alltag das kurze Abschätzen eines gemeinsamen Kontexts auch aus. Aber in kritischen Situationen ist das nicht genug.

Daher begreifen wir, daß strategische Rede entscheidend ist, wenn wir unsere Verstehenschancen verbessern müssen. Wir müssen Formulierungen, Fragen und Antworten, Paraphrasierungen, Beispiele und kleine Geschichten systematisch einsetzen, um einen gemeinsamen Kontext und gemeinsames Verstehen faßlich zu schaffen. Es handelt sich dabei um gebräuchliche Ausdrucksweisen, wie wir sie vom Alltag kennen. Nun, da wir um ihre Stärke wissen, müssen wir sie auch bewußt anwenden.

## Checkliste erster Teil

- Akzeptieren Sie, daß Mißverständnisse normal sind, weil Rede für gewöhnlich unbestimmt und mehrdeutig ist.
- Erkennen Sie, daß die Eigenschaften der Sprache, die für Unklarheit und Mißverständlichkeit verantwortlich sind, nicht zu eliminieren sind: Indexikalität (die Bedeutung der sprachlichen Äußerung hängt von ihrem Kontext ab) und Reflexivität (der Umstand, daß wir für die Schaffung des Kontexts verantwortlich sind). Mißverständnisse zu verstehen gibt Ihnen die Fähigkeit, Ihre Rede zu beherrschen.
- Verstehen Sie, daß Leute darauf vertrauen, daß Sie die korrekte Bedeutung in ihre Rede einsetzen, selbst dann, wenn sie nicht präzise ist.
- Verstehen Sie, daß es Leuten nicht bewußt ist, wenn sie unpräzise sind.
- Berücksichtigen Sie, daß erst der Kontext allem, was wir sagen oder

schreiben, die Bedeutung verleiht. Der Kontext beinhaltet Hintergrundwissen, Erfahrung, Verstehen, Vorstellungskraft, Wünsche, praktische Interessen, den Moment der Interaktion, die Leute, den Ort, Gesten, Körperhaltung, Intonation, die Zeit, den Zweck, die Rede selbst und was danach geschieht.

- Lösen Sie das Problem von Mißverständnissen, indem Sie einen gemeinsamen Kontext des Verstehens durch Gespräche herstellen.
- Seien Sie Sprecher und Hörer, um Ihr Verstehen anschaulich zu machen.
- Es liegt in Ihrer Verantwortung, strategische Rede einzusetzen – mittels Formulierungen, Fragen und Antworten, Paraphrasierungen, Beispielen und Geschichten –, um einen gemeinsamen Kontext herzustellen.

Zweiter Teil

# Wie Sie Ihre Chancen zu Ihrem Vorteil steigern können

Drittes Kapitel

# Wenn Worte Taten sind: Rede, die Arbeit gelingen läßt

Dieses Kapitel soll Ihnen helfen, Rede so zu gebrauchen, daß die Arbeit wie von Ihnen gewünscht ausgeführt wird. Es vermittelt Ihnen die Kenntnisse und Techniken, Sie müssen aber immer noch selbst entscheiden, wann und wo diese einzusetzen sind: Ihre Redeweise muß dem Kontext angemessen sein. Sie sind immer dafür verantwortlich, für jede Situation neu zu entscheiden und herausfinden, welche Art der Rede sie verlangt.

Die Beispiele in diesem Buch zeigen Leute, die verstehen und verstanden werden wollen. Sie stellen eine Auswahl an Situationen dar, in denen strategische Rede in geeigneter Form und umsichtig verwendet wird. Strategische Rede zu verwenden ist nicht immer einfach. Wir müssen uns darin üben. Wie wir gesehen haben, erwartet man von uns, fehlende Bedeutung selbst auszufüllen, und unser Gegenüber kann bei der Bitte nach mehr Genauigkeit sehr verärgert sein. Man hat zuerst vielleicht ein komisches Gefühl bei der Benutzung strategischer Rede. Typisch dafür ist:

| | |
|---|---|
| Angst: | «Wenn ich zu viele Fragen stelle, werde ich bestimmt bald gefeuert.» |
| Zorn: | «Warum kriegen die einfach nicht mit, daß man mal ein paar konkrete Beispiele geben muß, wenn ich das richtig verstehen soll?» |
| Schuld: | «Ich weiß, daß die sich ganz klar ausdrücken. Aber ich krieg's trotzdem nicht mit. Vielleicht muß ich mich mehr anstrengen.» |
| Pein: | «Hoffentlich denken die nicht, daß ich dumm bin.» |
| Deplaziert sein: | «Vielleicht habe ich den falschen Job. Alle anderen scheinen es ja zu kapieren.» |

Entmutigung: «Egal, wie sehr ich mir Mühe gebe, ich fühle mich immer noch unter Druck. Ich weiß einfach nicht, was ich machen soll.»

Erleichterung: «Meine Chefin kriegt jetzt wenigstens mit, daß ich ihre Gedanken nicht lesen kann. Das macht die Arbeit etwas leichter.»

Stolz: «Jetzt, da die Leute im Büro Mißverständnisse verstehen, haben sich Effizienz und Moral wirklich stark verbessert.

## Reden, um zu handeln

Viele sagen, daß sie sich um bessere Kommunikationsstrategien mit Kollegen bemühen. Dann heißt es etwa: «Ich muß lernen, mich klarer auszudrücken, damit es nicht so viele Mißverständnisse gibt.» Aber wie? Wir leiten an, weisen an, versprechen, bitten, verpflichten, machen Einwände, Vorschläge oder akzeptieren Entschuldigungen und weisen auf die Zielsetzungen hin, wenn wir Arbeit erledigen lassen. Ist das eine gute Lösung? All diese Formen sind zwar Teil der Lösung. Aber sie werden erst zur Lösung, wenn wir begreifen, daß sie auch Teil des Problems sind – wenn wir ihre Indexikalität erkennen und wissen, wie damit umzugehen ist.

### *Reden und Vorschriften*

Nehmen wir mal an, wir geben eine einfache Vorschrift für unsere Angestellten aus: «Jede Bestellung muß innerhalb von 24 Stunden nach Erhalt bearbeitet werden.» Wie sollen unsere Angestellten diese Vorschrift verstehen? Was heißt das praktisch?

- Setzt sie die Angestellten davon in Kenntnis, wie sie ihre tägliche Arbeit so zu verrichten haben, daß die Vorschrift befolgt wird?
- Heißt das etwa, daß jede Bestellung innerhalb von 24 Stunden rausgehen muß, auch wenn sie nicht vollständig ist?

- Heißt das, daß die Angestellten allein dafür verantwortlich sind, daß die Vorschrift befolgt wird?
- Heißt das, daß die Angestellten unabhängig von ihren vorgesehenen Arbeitsaufgaben nach der Vorschrift handeln sollen?
- Heißt das, zur Einhaltung dieser Vorschrift muß man die Arbeitsaufgaben der Angestellten modifzieren?

Man könnte einfach sagen, daß die Angestellten ihren gesunden Menschenverstand gebrauchen sollen, aber ihr Verständnis davon könnte verschieden von unserem sein. Vorschriften bestehen aus Sprache, und wie alle Sprache können wir auch Vorschriften nicht ohne Interpretation verstehen. Verschiedene Leute werden auch verschiedene Interpretationen haben. Daher sollten wir das gar nicht erst riskieren.

Informiertes Handeln basiert auf einem gemeinsamen Kontext aus der Verwendung von Formulierungen, Fragen und Antworten, Paraphrasierungen, Beispielen und Geschichten in der strategischen Rede. Wenn wir wollen, daß die 24-Stunden-Vorschrift richtig verstanden wird, dann sollten wir gemeinsam den Kontext erarbeiten, in dem diese Vorschrift gilt. Besprechen Sie das ausführlich. Geben Sie Angestellten die Möglichkeit zu fragen: «Was aber, wenn das und das passiert? Was mache ich dann?» Oder: «In welcher Reihenfolge werden die Bestellungen bearbeitet, wenn wegen Krankheit nicht genug Leute da sind?» Beantworten Sie diese Fragen mit Beispielen: «Hier ein Beispiel, was getan werden sollte ...» Man versteht dann die Vorschrift durch das, was gesagt wurde, und kann die Details und Hintergründe selbst ergänzen.

### *Reden und Aufgaben*

Tätigkeitsbeschreibungen funktionieren genauso wie Vorschriften. Wenn Sie eine neue Aufgabe bekommen, wie gut wissen Sie dann Bescheid, was gemacht werden muß? Sie wollen die Instruktionen so klar wie möglich. Was aber, wenn man von Ihnen erwartet, sich selbst zu organisieren, ohne immer zu fragen «Was genau wollen Sie?» Diese Erwartung kann

Verstehen behindern, wenn es Sie einschüchtert, nach nicht verstandenen Punkten zu fragen.

Stellen Sie sich vor, sie finden auf Ihrem Anrufbeantworter die folgende Nachricht von ihrem Chef: «Schauen Sie sich sämtliche Unterlagen an, die den Verkaufswettbewerb in den Regionen betreffen, in die wir jetzt einsteigen wollen. Und sagen Sie mir bis nächsten Dienstag, welche unsere Strategie sein sollte.» Wenn es dabei wichtige Fragen gibt, können Sie strategische Rede anwenden. Formulieren Sie zunächst etwas in der Art: «Es mag eine merkwürdige Bitte sein, denn ich arbeite schon sechs Jahre für diese Firma, aber ich will sichergehen, daß ich genau verstehe, was Sie möchten, und dabei weder Ihre noch meine Zeit verschwenden. Darf ich also ein paar einfache Fragen stellen?»

Dann fragen Sie: «Kann ich das mit jemandem besprechen, bevor ich mich wieder an Sie wende?» «Erfaßt die mir vorliegende Liste alle Regionen, an denen Sie interessiert sind?» «Möchten Sie Zwischenberichte?» Paraphrasieren Sie: «Habe ich das richtig verstanden? Sie wollen also, daß ich ...»

Bitten Sie um Beispiele: «Soll es so wie der Bericht sein, den ich letztes Jahr gemacht habe?» «Wie soll es am Ende aussehen?»

Bauen Sie eine kleine Geschichte: «Ich erinnere mich, daß ich den Osten schon mal für Sie recherchiert habe. Das hatte Ihnen damals sehr gefallen. Wir hatten Leute von der Finanzabteilung und vom Marketing gleich von Anfang an dabei, um eventuelle Pannen zu vermeiden. Haben Sie etwas dagegen, wenn ich das wieder so mache?»

Sie denken vielleicht, daß Ihr Chef den Eindruck gewinnt, Sie seien begriffsstutzig, wenn Sie auch nur einige dieser Techniken anwenden. Das ist genau das Problem. Wir scheuen vor strategischer Rede zurück aus Angst vor den Folgen. Aber wenn Sie nicht sicher sind, wie bei einer Aufgabe vorzugehen ist, dann müssen Sie wenigstens einige dieser Techniken anwenden – oder Sie riskieren, auch für andere Zeit und Geld zu verschwenden. Die Strategien bleiben Ihnen überlassen. Hauptsache, sie verwenden welche.

### *Rede und Regeln*

Wie Vorschriften und Anweisungen sind auch Regeln Teil eines Betriebsklimas. Wir brauchen sie. Regeln sind die Grundlage für ein bestimmtes Verhalten. Wir haben Verhaltensregeln dafür, wie man eine gute Leistung lobt, wie man die Büroarbeit verteilt, wie man Ausrüstung bestellt, wie man Kunden behandelt, Regeln für die Kaffeepause, für Spesenabrechnungen und für die Urlaubsplanung. Die meisten von uns denken, daß Regeln uns konkrete Anweisungen geben und daß wir, wenn wir sie einmal kennen, genau wissen, wie wir uns verhalten sollen. Es ist jedoch nicht ganz so einfach.

Der Soziologe John Heritage liefert ein interessantes und nützliches Bild von den Regeln, die unseren Alltag bestimmen. Er nimmt das Beispiel einer Regel, die alle Erwachsenen in unserer Gesellschaft kennen sollten, um zu zeigen, daß auch Regeln wie alle Sprache indexikalisch und reflexiv sind. Das, was er die «Gruß-Regel» nennt, bedeutet: «Grüßen Sie zurück, wenn Sie gegrüßt werden.»

Heritage hat die Regel nicht erfunden. Wir alle kennen und befolgen sie. Wenn ich Sie frage, was Sie machen würden, wenn jemand guten Tag zu Ihnen sagt, dann sagen Sie höchstwahrscheinlich «Ich würde auch guten Tag sagen». Es ist Teil unserer Sozialisierung.

Nehmen wir aber mal an, Sie arbeiten Überstunden bis in die Nacht und verlassen das Büro erst um zwei Uhr früh. Wie Sie zu Ihrem Auto gehen, tritt plötzlich ein Mann, den Sie noch nie gesehen haben, aus dem Schatten und sagt zu Ihnen «Hallo». Was machen Sie nun? Grüßen Sie zurück? Oder ignorieren Sie ihn, steigen rasch ins Auto, lassen die Zentralverriegelung schnappen und sind so schnell wie möglich weg? Wie beurteilen Sie die Norm in dieser Situation? Die Regel hat sich verändert von «Grüßen Sie immer zurück» zu «Grüßen Sie zurück, aber nicht einen Fremden spät nachts». Nehmen wir an, das war der Gewerkschafter, der da aus dem Dunkeln kam. Was ist die Norm? Wieder anders. Jetzt heißt es: «Grüßen Sie zurück, aber nicht einen Fremden spät nachts, außer es ist der Gewerkschaftsvertreter, dann grüßen Sie natürlich zurück.»

Noch ein Beispiel. Sie treffen auf dem Gang den Leiter, mit dem Sie erst vor Stunden eine harte Auseinandersetzung hatten. Er grüßt «Hallo». Und Sie? Ihre Entscheidung betrifft das gegenwärtige Verhältnis zu diesem Mann. Sie wird enthüllen, wie Sie nun über den Streit denken. Sagen Sie auch «Hallo», dann kann das heißen, daß Sie bereit sind, zur Normalität zurückzukehren oder zumindest wieder mit ihm zu reden. Wenn Sie den Gruß erwidern, dann geben Sie ihm auch eine Chance, noch etwas zu sagen. Sie haben also eine Situation geschaffen, in der das weitere Gespräch möglich ist.

Das Gegenteil kommt heraus, wenn Sie ihn ignorieren und einfach den Gang entlang an ihm vorbeilaufen. Weiß er, daß Sie ihn gesehen und gehört haben, dann bedeuten Sie ihm: «Mit Ihnen rede ich nicht mehr.» Und das stimmt buchstäblich. Er versucht vielleicht, mit Ihnen zu reden, aber Sie bleiben stur. In diesem Fall ist das kollegiale Verhältnis nicht wiederhergestellt, und es gibt keine Möglichkeit, darüber zu sprechen.
Was ist also die Regel? Möglich, daß sie nun so lautet:

«Grüßen Sie zurück.» Es gibt Fälle, in denen wir das aber nicht tun. Tatsächlich grüßen wir niemals automatisch zurück. Wir können gar nicht anders, denn die Regel selbst sagt uns gar nicht, wann sie zu befolgen ist. Wir müssen für jede einzelne Situation entscheiden, ob wir zurückgrüßen. Niemand kann uns so viele Regeln aufhalsen, daß wir immer wüßten, was zu tun ist. Jeder Gruß muß auf seine Weise verstanden werden. Unser Verstehen sagt uns, was wir machen sollen, sogar dann, wenn unsere Schlußfolgerung, wie wir uns verhalten sollen, gar nicht klar ist.

Das heißt nicht, daß es keine Regeln fürs Grüßen gibt. Es bedeutet vielmehr, daß, obwohl wir die Regel kennen, sie in jeder neuen Situation auch neu ausgelegt wird. Die Art, wie wir grüßen, reflektiert die Situation ebenso wie die Situation, die uns zum Gruß veranlaßt. Eine Regel muß unter den jeweiligen Umständen und im Kontext einer Situation betrachtet werden.

# Rede innerhalb von Organisationen

Ein höherer Angestellter eines großen Konzerns äußerte sich besorgt zu den Mißverständnissen zwischen Management und Angestellten über den Modus, gute Leistungen zu loben. «Ich habe ganz klar herausgestrichen, daß es sich um Kauderwelsch handelt, wenn das mittlere Management die Leistungen der Angestellten einschätzt.» Nach seiner Aussage würden die Leiter klare Anweisungen, wie die Angestellten ihre Arbeit verbessern sollten, vermeiden. Er fährt fort: «Ich habe diesen Leitern gesagt, daß sie lernen müßten, das zu sagen, was sie meinen. Angestellte müssen wissen, wie die Qualität ihrer Arbeit beurteilt wird. Eine Sprecherin, die die Leiter vertrat, sagte, daß diese sich immer sehr klar ausdrücken würden. Aber was ich von den Angestellten höre, zeigt, daß sie die Leiter überhaupt nicht verstehen. Ich teilte also der Sprecherin mit, daß sie alle so kommunizieren müßten, daß sie auch verstanden werden. Aber um ehrlich zu sein, ich weiß nicht, wie ich denen das beibringen könnte.»

Aspekte strategischer Rede können hier von Nutzen sein. Die Qualität von Arbeitsleistungen zu bestimmen ist viel sinnvoller, wenn es Beispiele gibt, die zeigen, wie die Leistung gemessen wird. Leiter und Angestellte können sich dann über bestimmte Leistungen besser verständigen. Sie müssen sich darüber austauschen, was jeder von ihnen als gute Arbeit versteht. Konkrete, vom Management gegebene Beispiele für spezielle Punkte einer Tätigkeitsbeschreibung und deren Bewertungssystem lassen die Tätigkeit anschaulicher werden. Die Beispiele der Angestellten dagegen zeigen den Leitern, wie gut diese ihre Tätigkeit verstanden haben. Diese Beispiele sollten ergänzt werden durch Fragen und Antworten beider Seiten. Leiter könnten auch Geschichten erzählen, wie andere Angestellte ihre Aufgaben erledigt haben und wie es ein idealer Angestellter tun würde. Solche Gespräche befördern das Verstehen und machen Mißverständnisse erkennbar.

Klarheit über die Arbeitsleistung und darüber, was erwartet wird, ist auch für die Gesundheit wichtig. Eine junge Frau bekam beinahe einen

Nervenzusammenbruch, weil sie ihre Arbeit mißverstanden hatte. Sie war eine hervorragende Mitarbeiterin, so daß ihr Chef ihr immer neue Aufgaben aufbürdete. Zuerst hatte sie gedacht, sie würde ihre Arbeitsaufgaben kennen, doch dann wurde sie vollkommen ratlos. Als sie ihrem Chef sagte, daß sie nicht mehr wüßte, wo ihre Tätigkeit anfinge und wo sie endete, sagte er: «Sie schätzen die Lage nicht richtig ein. Das gehört alles zu ihren Aufgaben. Sie müssen flexibel sein.» Sie bekam noch mehr Verantwortlichkeiten, bis sie gequält herausschrie: «Was wollen die von mir?» Das war ein Schrei der Frustration, aber auch ein Schrei des Mißverstehens.

Unsere Aufgaben zu verstehen kann ein Problem in allen Firmen auf allen Ebenen sein. Rechnen Sie mit Mißverstehen, und Sie werden auch wissen, was dagegen zu tun ist. Formulieren Sie Ihre Anforderungen mit Nachdruck. Sie können sagen: «Das sind die Aufgaben, die Sie erledigen, und das sind meine Aufgaben.» Stellen Sie Fragen: «Ist das klar?» Geben Sie Beispiele. Erzählen Sie. Bleiben Sie mit strategischer Rede dran.

## Rede ausserhalb von Organisationen

Jede Firma hat Vorschriften, Regeln und Bestimmungen, um effizient arbeiten zu können. Angestellte sehen sie als gegeben an und verstehen sie, auch wenn verschiedene Angestellte sie verschieden interpretieren können. Als Insider kennen sie all diese Regeln und Bestimmungen, ihren Zweck und wie mit ihnen gearbeitet wird. Außenstehende erleben dieselben Vorschriften, Regeln und Bestimmungen oft als willkürlich und als unüberwindbare Barrieren. Warum? Weil der Kontext der Außenstehenden ein anderer ist.

Wenn wir mit firmenfremden Leuten arbeiten, dann können wir mehr erreichen, wenn wir sie dazu bringen, mit uns in denselben Kontext zu treten. Strategische Rede kann bedeutende Mißverständnisse mit Leuten außerhalb unserer Firma ausräumen.

Der Bürgermeister einer Stadt verhandelte eine internationale Investition in der Größenordnung von 200 Millionen Dollar und stellte fest, daß das Geschäft etwas aus dem Ruder lief. Die Leute verstanden ausgerechnet das nicht, was der Gegenstand der Verhandlung war und worüber nicht verhandelt werden konnte. Der Bürgermeister sah ein, daß alle Beteiligten ihre Erwartungen klar formulieren müßten, um unnötige Komplikationen zu vermeiden. Als der Stadtrat erkannte, daß dem Investor die Auflagen des Grundstücksbebauungsplans für die Errichtung seiner Fabrik nicht klar waren, stoppte er das Projekt. Dies kostete Zeit und Geld sowohl für die Stadt wie auch für den Investor. Falls alle an den Verhandlungstisch zurückgebracht werden können, muß der Bürgermeister nun dafür sorgen, daß alle Beteiligten sich richtig verstehen. Der Bürgermeister weiß, daß Mißverständnisse dieser Art einfach zu kostspielig sind.

Mißverständnisse zwischen Insidern und Außenstehenden vorauszusehen und auszuräumen kann eine langwierige Angelegenheit sein. Gehen Sie nicht davon aus, daß Verhandlungspartner auch das verstehen, was sie verstehen, solange sie ihr Verstehen nicht ausdrücklich bekunden. Benutzen Sie jede Menge Beispiele, um alle Einzelheiten des Vertrags zu illustrieren. Vor allem aber rechnen Sie mit Mißverständnissen in allen Phasen der Verhandlung. Und benutzen Sie weiterhin während der gesamten Verhandlungen die Gesprächsmittel strategischer Rede, um das Verstehen jeder Seite klar- und deutlich zu machen.

Der Direktor einer Werbeagentur stellte fest, daß nicht klar voneinander getrennte Verantwortlichkeiten zwischen seiner Firma und ihren Kunden oft zu Mißverständnissen und Verschwendung von Zeit und Geld führten. «Unsere Kunden wissen oft nicht, was wir für sie tun werden und was sie für sich selbst tun müssen», hat er beobachtet. «Bei einem Auftrag, den wir vor kurzem für einen örtlichen Autohändler ausführten, nahmen wir zunächst an, daß der Kunde davon ausging, daß es seine Aufgabe wäre, die Grundlinien dessen, was wir bewerben sollten, selbst festzulegen. Er ging aber davon aus, daß wir das für ihn tun würden. Wir haben dieses

Mißverständnis erst nachträglich festgestellt, worauf die ganze Kampagne einiges an wertvoller Zugkraft einbüßte. Das hat mich zu der Ansicht gebracht, daß wir die klare Eingrenzung der Arbeit gegenüber unseren Kunden viel stärker zur Sprache bringen müssen, um solche Mißverständnisse zu vermeiden.»

### *Die Wünsche und Bedürfnisse des Kunden verstehen*

Verkaufsprofis haben große Erfahrung mit Mißverständnissen. Sie müssen in der Lage sein zu erkennen, wenn ein Kunde sie nicht versteht, und wissen, wie das zu klären ist. Verkäufer wissen, daß Mißverständnisse andauernd passieren. Obwohl viele Verkäufer behaupten, daß sie die Gedanken der Kunden gut lesen können, können es die meisten gar nicht und verlassen sich auch nicht auf diese Gabe. Statt dessen reagieren sie darauf, was der Kunde sagt.

Gute Verkäufer wissen, daß Verkaufen reden und vorführen bedeutet. Das ist zeitaufwendig. Sie müssen die Bedürfnisse und Wünsche der Kunden verstehen, damit die Leute das kaufen, was sie verkaufen wollen. Wenn wir Verkaufsgesprächen zuhören, dann können viele der zuvor behandelten Gesprächsmittel manifest werden.

| | |
|---|---|
| «Guten Tag. Was kann ich für Sie tun?» | Eine Begrüßung eröffnet die Möglichkeit eines Gesprächs. |
| «Ich suche ein neues Auto.» | Schließt den Kauf eines Gebrauchtwagens aus. |
| «Woran haben Sie denn so gedacht?» | Den Kontext eingrenzen. |
| «Der Chevrolet Cavalier gefällt mir sehr gut.» | Der Kontext ist noch mehr eingegrenzt, aber immer noch offen. |

«Wir haben einige draußen auf dem Platz, mit verschiedenen Zusatzausstattungen und in verschiedenen Farben. Warum schauen wir uns nicht mal ein paar an? Wenn wir einen für Sie finden, können Sie gleich eine Probefahrt machen.»

Um die Auswahl einzugrenzen, einige Exemplare dem Interessenten zeigen und schmackhaft machen.

«Ich weiß eigentlich genau, welchen ich suche. Den Z24 mit Automatik und Klimaanlage.»

Jetzt kommen die Details. Der Kontext ist aber immer noch offen, was die Innenausstattung und andere Extras angeht.

«Ich habe drei Z24er, die ich Ihnen zeigen kann. Ich habe gerade heute morgen erst einen schwarzen Z24 an eine hübsche junge Geschäftsfrau wie Sie verkauft. Sie hat ihren Wagen für dieses tolle Modell in Zahlung gegeben. Erwägen Sie, Ihren Wagen in Zahlung zu geben?»

Weitere Eingrenzung mit einer kleinen Geschichte, die zusätzlichen Kontext in Form der Identität der potentiellen Käuferin suggeriert. Außerdem wird ein geschäftlicher Kontext eingeführt.

«Ich kann den Wagen schon in Zahlung geben. Aber ich beabsichtige, das Auto für meine Firma zu leasen.»

Der geschäftliche Kontext ist perfekt, und das In-Zahlung-Geben bleibt eine Möglichkeit.

Das Gespräch schafft einen Kontext, den Kunden zu verstehen. Verkäufer können mit Stammkunden oder mit Fremden reden. In beiden Fällen müssen sie einen Kontext für den Verkauf schaffen. Ihr Gespräch findet und schafft diesen Kontext auf rückbezügliche, reflexive Weise. Daß der Kunde das Produkt oder die Serviceleistung versteht und der Verkäufer das Bedürfnis oder den Wunsch des Kunden, kann nicht als von vornherein gegeben angesehen werden. Formulierungen, Fragen und Antworten, Paraphrasierungen, Beispiele und Geschichten können das Verstehen absichern.

### *Fragen zum Markt stellen*

Unsere Welt scheint großen Wert auf wissenschaftliche Erkenntnisse zu legen und wenig auf den gesunden Menschenverstand. Wir bemühen uns, wissenschaftliche Methoden für alle Bereiche der Wirtschaft – Produktion, Marketing, Verkauf eingeschlossen – und der Kommunikation anzuwenden. Die Logik wissenschaftlicher Untersuchung erfordert, daß das, was wir herausfinden wollen, klar definiert ist, so daß wir ganz genau wissen, worum es sich handelt und was es nicht ist. Dennoch können viele Bereiche, die für unsere Firmen von Interesse sind, nicht auf diese Weise klar definiert werden, weil es sich nicht um gegenständliche Dinge handelt. Es geht nämlich um solche Variablen wie Kundenwünsche und -begehren anstatt um die Größe und den Blutdruck eines Kunden.

Betrachten wir mal ein beliebtes Forschungswerkzeug der Firmen: die Marktanalyse. Diese Analysen gründen auf solchen «wissenschaftlichen Instrumenten» wie Fragebögen, um die Neigungen und Abneigungen der Kunden zu ermitteln, ihre Einstellung, Motive, Vorurteile usw. Fragen werden gestellt, die vorher und nachher auf ihre Gültigkeit (sie müssen ermitteln, was sie vorgeben zu ermitteln) und Zuverlässigkeit (sie müssen es exakt und beständig ermitteln) getestet werden.

Anstatt einer langwierigen detaillierten Erklärung, warum diese Instrumente nicht wirklich wissenschaftlich sind und warum sie nicht mehr als ganz unverbindlich gültig und zuverlässig sein können, gebe ich Ihnen ein Beispiel dafür, was passiert, wenn man eine Analyse macht und ihre Ergebnisse auszuwerten versucht.

In einer Umfrage, um Meinungen zur wirtschaftlichen und politischen Lage der Nation zusammenzutragen, wurden zufällig ausgewählte Personen am Telefon befragt. Die Antworten wurden zusammengefaßt und galten als repräsentativ für die nationale Meinung über einige politische und wirtschaftliche Themen. Die Fragen betrafen u. a. folgendes:

1. Ich möchte Sie danach fragen, was Sie über das Tempo des Wandels in unserem Land denken. Ändern sich die Dinge
- zu schnell
- zu langsam
- gerade richtig
- weiß ich nicht

2. Die wirtschaftliche Situation Ihrer Familie ist im vergangenen Jahr
- viel besser geworden
- etwas besser geworden
- etwa gleich geblieben
- etwas schlechter geworden
- viel schlechter geworden
- unmöglich zu beurteilen

In meinen Seminaren über berufliche Kommunikation bitte ich immer die Teilnehmer darum, diesen Fragebogen auszufüllen und außerdem aufzuschreiben, wie sie diese Fragen überhaupt verstanden haben. In einer Klasse von zwanzig Leuten bekomme ich oft zwanzig verschiedene Versionen derselben Frage. Da aber nur wenige Antworten zur Auswahl stehen, sind viele der Antworten gleich. Hier sind einige Beispiele dafür, wie unterschiedlich die erste Frage verstanden wurde:

- Die Frage betrifft die Umweltpolitik.
- Die Frage betrifft die Wirtschaft, das Sozialsystem und das Ansehen in der Welt.
- Die Frage betrifft Technologie.

- Die Frage betrifft Regierungsbehörden.
- Die Frage betrifft die Wirtschaft, das Bildungssystem und fachliche Qualifikation.
- Die Frage betrifft den Freihandel.
- Die Frage betrifft die Durchsetzung der Regierungspolitik.
- Die Frage betrifft Aspekte, die unser Lebensglück beeinflussen.
- Die Frage betrifft die Lebenshaltungskosten.

Und zu Frage 2:

- Die Frage bezieht sich auf das Einarbeiten in einen neuen Job.
- Die Frage bezieht sich auf den Kauf eines neuen Autos.
- Die Frage bezieht sich auf die Ferienarbeit meiner Kinder.
- Die Frage bezieht sich auf den Verlust des Arbeitsplatzes.
- Die Frage bezieht sich auf mein Einkommen.
- Die Frage bezieht sich auf mein Einkommen und das meiner Frau.
- Die Frage bezieht sich auf mich, meine Frau und meine Schwiegermutter, die bei uns lebt.
- Die Frage bezieht sich auf meine Heimatstadt, wo 75 Leute entlassen wurden.
- Die Frage bezieht sich auf alle Arbeitslosen in unserem Bundesland.

Wenn die Fragen so verschieden aufgefaßt werden, wie können dann die Antworten von den Meinungsforschern verglichen oder überhaupt verstanden werden?

Vor kurzem äußerte eine Teilnehmerin meines Seminars den Verdacht, wir würden nie richtig nachdenken über die Fragen in solchen Erhebungen. Wir hören oder lesen einfach die Fragen, um dann schnell darauf zu antworten. Sie zweifelte nicht an der Gültigkeit der Umfragen. Denn es wäre nicht wichtig, wie sehr man sich in die Fragen vertiefe. Wenn wir jedoch unterschiedliche Kontexte für das Verstehen der Fragen haben, dann könnten auch die Interpretationen ihrer Bedeutung stark voneinander abweichen. Obwohl die Meinungsforscher vorher und nachher Tests zum Verständnis der Fragen mit einzelnen Personen durchführen, können sie doch die Bedeutung der Antworten nicht erfassen, wenn sie nicht mit jedem einzeln reden.

Firmen müssen wissen, was ihre Kunden von ihrem Angebot oder ihren Produkten halten, um diese zu verbessern oder neue Angebote und Produkte auf den Markt zu bringen. Marketing-Untersuchungen, Umfragen, Fragebögen, Testgruppen (oder jede andere Form der Marktforschung) sind jedoch nicht besonders genau, solange wir nicht die Antworten der Befragten genau verstehen können. Das ist nur möglich, wenn wir wissen, wie die Fragen verstanden werden. Wir können kaum davon ausgehen, daß wir das erfahren, ohne auf die Kunden mit strategischer Rede einzugehen. Diese Umfragen als wissenschaftlich zu bezeichnen widerlegt nicht den Fakt, daß jegliche Interpretation kontextgebunden ist. Um die Bevorzugung eines Produkts oder einer Serviceleistung gegenüber anderen herauszufinden, braucht man einen gemeinsamen Kontext des Verstehens.

Erinnern Sie sich zum Beispiel, wie Sie sich mit anderen über Autos ausgetauscht haben. Um festzustellen, warum jemand eine Marke, einen Händler, eine Werkstatt, eine bestimmte Farbe oder Ausstattung bevorzugt, braucht es ein ausführliches Gespräch. Sie bohren nach, indem Sie Fragen stellen, Beispiele geben, kleine Geschichten erzählen, das Gesagte umformulieren oder paraphrasieren. Erst dann fangen sie an, die Ansprüche des anderen zu verstehen, und das ist doch wichtig für all jene, die Autos herstellen, verkaufen oder reparieren.

Es gibt keine einfachen Lösungen, die Entwicklung des Marktes zu verstehen. Umfragen, Tests und Fragebögen sind nur dann sinnvoll, wenn Sie die Antworten in der Intention des Kunden auch verstehen. Um das zu erreichen, müssen Sie das Gespräch interaktiv gestalten, eine aktive Rolle beim Zuhören und Interpretieren spielen. Kurz gesagt, sie müssen das Gespräch als Handlung begreifen.

## Reden als Handlung

Der berühmte Sprachphilosoph J. L. Austin vertrat die Auffassung, daß bestimmte Arten der Rede Handlung seien. Das war damals ein völlig neuer Gedanke, denn die gängige Vorstellung war, daß man Worte und Taten grundsätzlich unterschied. Austin stellte fest, daß es einerseits Wörter wie arbeiten, studieren, Computer, Büro, Gebäude und Maschine gibt, die Gegenstände und Handlungen konkret bezeichnen, andererseits viele Wörter nicht diese Funktion haben. Der Ausdruck «Ich verspreche» ist dagegen selbst eine Handlung. Er nannte solche Ausdrücke «Sprechakte». Sprechakte bezeichnen Äußerungen, in denen die Wörter selbst auch die Handlung sind. Wenn ich zum Beispiel sage «Ich verspreche Ihnen, den Vertrag bis morgen mittag auszufertigen», dann ist das Versprechen ein Sprechakt. Meine Worte sind das Versprechen. Sie beziehen sich nicht auf irgendein anderes Versprechen. Tatsächlich können ja Versprechen überhaupt nur mittels Sprache gemacht werden.

Versprechungen, Bitten, Angebote, Verpflichtungen, Anweisungen, Zulassungen und Erklärungen sind alles Sprechakte, die wir jeden Tag im Umgang mit Kollegen, Kunden und Partnern gebrauchen. Wir können jedoch nicht davon ausgehen, daß der Gebrauch der Sprechakte diese auch schon erklärt. Wie jede andere sprachliche Äußerung sind auch Sprechakte indexikalisch und reflexiv. Sie sind keine technische oder wissenschaftliche Kategorie der Sprache, die wie selbstverständlich zu verstehen ist. Die Sprechakte werden als solche verstanden, weil es einen Kontext für sie gibt, und dieser Kontext wird durch unsere Interaktion geschaffen. Als Beispiel: Während Claude gerade zu einer wichtigen Beratung geht, trifft er Irene, die früher mal für ihn gearbeitet hat, nun aber in einer anderen Stadt einer ähnlichen Tätigkeit nachgeht. Folgendes Gespräch ergibt sich:

| | |
|---|---|
| Claude: | Irene, dich hab' ich aber lange nicht gesehen. |
| Irene: | Nett, dich zu sehen, Claude. Wie geht's denn? |
| Claude: | Gut. Es läuft alles sehr gut. Und selbst? |

Irene: Ganz toll.

Claude: Hör mal, es tut mir leid, jetzt nicht mit dir reden zu können, aber ich habe keine Zeit. Ich habe um zehn eine Beratung. Aber was machst du morgen mittag?

Irene: Kann ich nicht. Ich fliege heute zurück. Aber ich verspreche dir, dich anzurufen, wenn ich das nächste Mal hier bin.

Claude: Toll. Ich freue mich. Mach's gut.

Irene: Du auch. Grüß alle im Büro. Tschüß.

Claude: Tschüß.

Haben Sie Irenes Versprechen, Claude anzurufen, als echt oder einfach als die kleine Nettigkeit empfunden, die wir alle schon mal in solchen Situationen von uns gegeben haben? Wird Irene anrufen? Um das beantworten zu können, brauchen Sie wahrscheinlich mehr Informationen über die beiden, so daß Sie also einen größeren Kontext für das Gespräch haben. Beispielsweise:

- Waren Claude und Irene früher befreundet?
- Sind sie jetzt Freunde?
- Was für ein Mensch ist Claude?
- Was für ein Mensch ist Irene?
- Sind sie schon mal zusammen essen gegangen?
- Gehört es zu ihren Gewohnheiten, mit Freunden und Kollegen essen zu gehen?
- Macht Irene öfter solche Versprechungen?
- Hat sie diese gehalten?

### *Versprechen geben*

Versprechen sind ein wichtiger Bestandteil unseres geschäftlichen Umgangs. Wir versprechen, uns zu treffen, miteinander zu reden, etwas zu erledigen, zu kaufen, zu verkaufen, abzuholen oder zu liefern. Versprechen sind Handlungen, die uns mit anderen verbinden. Solche Verbindungen lassen die Dinge überhaupt erst gelingen. Versprechen sind sprachliche

Äußerungen, die einen Zusammenhang zwischen Menschen und Handlungen stiften. Beide Seiten verstehen ein Versprechen als die Verpflichtung, bestimmte Bedingungen zu erfüllen. Wenn zum Beispiel ein New Yorker Computerhändler verspricht, nächsten Freitag drei Computer an eine Anwaltskanzlei zu liefern, dann ist dieses Versprechen selbst eine Handlung. Wenn die Computer am Freitag geliefert werden, dann ist das Versprechen erfüllt. Geschieht das nicht, gibt es Ärger, wie der folgende Dialog zeigt:

| | |
|---|---|
| Jack: | Wo sind die Computer, die wir bestellt haben? |
| Phil: | Machen Sie sich keine Sorgen, Montag früh sind sie gleich da. |
| Jack: | Sie haben sie aber für heute morgen versprochen. |
| Phil: | Ja, ich weiß, aber wir haben heute so viele Auslieferungen, daß wir Sie vor nächster Woche einfach nicht schaffen. |
| Jack: | Dann nehmen Sie eben ein Taxi und schicken sie heute nachmittag rüber. Wir brauchen sie übers Wochenende. |
| Phil: | Entschuldigen Sie, aber unser Lager ist in Jersey, wir haben niemanden, der sie dort holen könnte. |
| Jack: | Dann schicken wir jemanden rüber. |
| Phil: | Einverstanden. |
| Jack: | Und versprechen Sie nächstes Mal nichts, was Sie nicht auch halten wollen. |

Wir erwarten von anderen, daß sie nur solche Versprechen machen, die sie dann auch halten. Aber Versprechen ist nicht gleich Versprechen. Wir verstehen nicht jedes Versprechen als solches. Einige nehmen wir ernst, weil ihre Einhaltung sehr wichtig für uns ist. Andere nehmen wir weniger ernst, weil sie nicht so wichtig sind. Und wieder andere nehmen wir überhaupt nicht ernst, weil sie keine Rolle spielen. Wie in allen Fällen des Verstehens entscheidet der Kontext. Nur so erkennen wir ein Versprechen als echtes Versprechen.

Der Philosoph John Searle gibt uns Kriterien, nach denen wir über tatsächliche Versprechen entscheiden. Ich wende nun diese Kriterien des echten Versprechens auf Phil und Jack an:

1. Phil hat nicht nur so getan oder war ironisch.
2. Phil hat eine ausdrückliche Zusage über die Lieferung gemacht.
3. Phil versprach, die Computer zu einer bestimmten Zeit zu liefern.
4. Jack möchte, daß Phil ihm die Computer liefert, und Phil glaubt, daß Jack das von ihm erwartet.
5. Phil hätte das normalerweise nicht so gemacht.
6. Phil hat die Absicht zu liefern, und das steht auch in seiner Macht.
7. Phil hat seine Zusage so gemacht, daß sie auch als solche verstanden wird.
8. Phil möchte, daß Jack seine Zusage, am Freitag zu liefern, auch als solche versteht.
9. Die Regeln der von Phil und Jack gesprochenen Sprache lassen in Phils Zusage ganz klar ein Versprechen erkennen, sofern die vorhergehenden acht Punkte erfüllt sind.

Der zuvor zitierte Dialog am Telefon macht deutlich, daß Jack Phils Äußerung als echtes Versprechen verstanden hat. Es wird auch klar, daß Phil etwas versprochen hat, das er besser nicht versprechen sollte, denn er hat nicht genug Einfluß auf die Auslieferung. Er glaubte vielleicht, daß es in seiner Macht stünde, aber andere, von ihm nicht weiter zu beeinflussende Faktoren haben das durchkreuzt. Die Frage lautet also: Hätte Jack überprüfen können, ob die gemachte Zusage wirklich ernst gemeint war? Hätte er Searles Kriterien hier anwenden können?

Ja, aber nicht automatisch. Wie jede sprachliche Äußerung ist auch ein Versprechen kontextgebunden und daher Gegenstand einer Interpretation. Jack hat Phils Aussage so verstanden, daß sie alle neun Kriterien erfüllt. Phil könnte zwar behaupten, daß er ganz fest die Absicht hatte, am Freitag zu liefern, aber nichts dagegen machen kann, daß sich einer seiner Leute krank meldete. Er hat nämlich das Kriterium Nummer 6 nicht erfüllt. Oder Phil könnte behaupten, daß alles gar nicht so verbindlich gemeint war, daß eine ironische Zusage kein wirkliches Versprechen sei. Dann wäre das erste Kriterium nicht erfüllt. Und Jack wäre einem Mißverständnis aufgesessen.

### *Versprechen halten*

Es ist kaum anzunehmen, daß man bewußt über den Inhalt von Searles Kriterien nachdenkt, wenn man ein Versprechen gibt oder bekommt. In Situationen, in denen es auf die Einhaltung von Zusagen wirklich ankommt, sollte man sich daher auf die folgenden Schritte zur Überprüfung eines Versprechens stützen:

- Erinnern Sie sich, daß Searles Kriterien im Kontext interpretiert werden müssen.
- Gehen Sie auf jedes Detail der Zusage ausführlich ein, und halten Sie alles schriftlich fest.
- Seien Sie gewärtig, daß sich die Umstände, ein Versprechen halten zu können, möglicherweise ändern. Erläutern Sie also alle Faktoren, und erörtern Sie auch, wie notfalls etwas korrigiert werden kann.
- Behalten Sie das, was für die Erfüllung eines Versprechens notwendig ist, immer im Auge, wenn die Zusage sich auf eine zukünftige Handlung bezieht. Warten Sie nicht bis zum letzten Moment.
- Erkennen Sie, daß der andere ein Versprechen vielleicht ganz anders versteht. Benutzen Sie Paraphrasierung, Beispiele und Geschichten, um Übereinkunft zu kontrollieren.
- Erkennen Sie, daß manchmal ein neues Versprechen ein altes ablöst.
- Akzeptieren Sie, daß wir Versprechen meistens nicht hinterfragen können, da dies die Integrität unseres Gesprächspartners in Frage stellen würde.

Wenn also jemand «Ich verspreche Ihnen» sagt, dann muß es nicht das bedeuten, was Sie meinen. Wenn Sie sich also auf ein Versprechen von entscheidender Wichtigkeit verlassen wollen, dann müssen Sie selbst Maßnahmen ergreifen, um sicherzugehen, daß es verstanden wurde und in der von Ihnen gewünschten Weise erfüllt wird. Um Versprechen, Bitten, Angebote, Verpflichtungen und alle anderen Sprechakte so zu verstehen, wie unser Gegenüber es beabsichtigt, müssen wir Varianten strategischer Rede zur Absicherung eines gemeinsamen Kontexts und gegenseitigen Verstehens verwenden. Auf diese Weise werden wir Gespräche so führen, daß die berufliche Kommunikation, die konkrete Tätigkeiten nach sich zieht, verbessert wird.

## Zusammenfassung

In diesem Kapitel haben wir untersucht, wie Rede am Gelingen von Arbeit beteiligt ist. Wir benutzen Worte, um Arbeit zu erledigen. Wir müssen uns darauf verlassen. Wenn wir andere so handeln lassen wollen, wie wir es wünschen, dann müssen wir ihnen zur Erlangung der korrekten Interpretation die gleichen Möglichkeiten geben, die wir dafür haben. Das heißt, wir müssen mit ihnen reden und ihnen dabei konkrete Beispiele dafür geben, was wir meinen.

Jeder, der denkt, daß Regeln, Anweisungen, Bestimmungen, Anordnungen und Versprechen unmißverständlich sind, sollte sich das noch mal überlegen. Mißverständnisse können passieren, weil wir die verwendeten Worte interpretieren müssen. Und unsere Interpretation hängt immer von der jeweiligen Situation ab. Es stehen keine Regeln zur Verfügung, die eine korrekte Interpretation automatisch absichern. Sprache muß immer interpretiert werden. Wir können Mißverständnisse nur vermeiden, wenn wir sie vorhersehen und indem wir die Formulierungen, Fragen und Antworten, Paraphrasierungen, Beispiele und Geschichten der strategischen Rede verwenden.

Setzen Sie diese Rede bewußt ein, um die Interpretation des Gesprächs zu ermöglichen und abzusichern. Obwohl Rede nicht die perfekte Lösung unserer Kommunikationsprobleme ist, so erscheint sie doch als die beste Lösung. Im nächsten Kapitel werden Sie lesen, wie und warum Rede zum Verstehen des geschriebenen Worts anzuwenden ist, welches sogar noch vager und mehrdeutiger als das gesprochene Wort sein kann.

Viertes Kapitel

# Man glaubt, was man hört: Rede und Schriftliches

Das gesprochene Wort verblaßt, aber das geschriebene Wort kann auf uns zurückkommen wie ein Fluch. Wir verlieren die Kontrolle über Geschriebenes, wenn wir nicht wissen, wie und wann es durch mündliche Rede zu ergänzen ist. Da wir ein unabdingbares Vertrauen in Geschriebenes haben, wollen wir auch sichergehen, daß andere verstehen, was wir damit meinen. Wenn wir das beherrschen, dann werden wir alles auch so organisieren, wie wir es wollen.

## Jede Firma hat ihre «Bibel»

Buchstäblich jede Firma hat eine Broschüre mit Regeln und Vorschriften, die von den Angestellten meist «Betriebsbibel» genannt wird. Sie erläutert die vorgeschriebene Arbeitsweise. Manchmal kommt noch eine kurze historische Darstellung der Firmengeschichte dazu, wie alles anfing und wo man heute steht.

Stellen Sie sich einmal vor, Sie wären bei der Schöpfung GmbH beschäftigt und Ihre Betriebsbibel ist die Bibel. Würden Sie alles verstehen, die Geschichte, Vorschriften, Anweisungen? Im 2. Kapitel des 1. Buch Moses lesen Sie:

> Also ward vollendet Himmel und Erde mit ihrem ganzen Heer. Und also vollendete Gott am siebenten Tag seine Werke, die er machte, und ruhte am siebenten Tag von allen seinen Werken, die er machte. (...) Und Gott der Herr machte den Menschen aus einem Erdenkloß, und er blies ihm ein den lebendigen Odem in seine Nase. Und also ward der Mensch eine lebendige Seele.

(…) Da ließ Gott der Herr einen tiefen Schlaf fallen auf den Menschen, und er schlief ein. Und er nahm seiner Rippen eine und schloß die Stätte zu mit Fleisch. Und Gott der Herr baute ein Weib aus der Rippe, die er von dem Menschen nahm, und brachte sie zu ihm.

Durch diese Lektüre erfahren wir, daß die Welt in sechs Tagen aus dem Nichts geschaffen wurde, das heißt in 144 Stunden oder 8640 Minuten. Und am siebenten Tag machte Gott frei. Dann schuf Gott einen Mann aus Lehm und eine Frau aus einer Rippe des Mannes. Wird das etwa jeder Ihrer Kollegen und Kolleginnen auf die gleiche Weise verstehen? 1925 wäre John Thomas Scopes gefeuert worden, denn er dachte ganz anders. Er war überzeugt, daß die Schöpfung Millionen Jahre gebraucht hat, in denen der Mensch sich aus einem affenartigen Vorfahren entwickelt hat.

Sie könnten sich auch an einigen der Vorschriften stören. So heißt es im 3. Buch Moses beispielsweise:

Wenn dein Bruder verarmt neben dir und verkauft sich dir, so sollst du ihn nicht lassen dienen als einen Leibeigenen; sondern wie ein Tagelöhner und Gast soll er bei dir sein und bis an das Halljahr dienen. Dann soll er von dir frei ausgehen und seine Kinder mit ihm und soll wieder kommen zu seinem Geschlecht und zu seiner Väter Habe. Denn sie sind meine Knechte, die ich aus Ägyptenland geführt habe; darum soll man sie nicht auf leibeigene Weise verkaufen. Und sollst nicht mit Strenge über sie herrschen und ihnen kein Geld leihen, sondern dich fürchten vor deinem Gott.

Heißt das etwa, daß man kein Geld verleihen und dafür Zinsen verlangen darf? Bedeutet das, daß man Waren nicht für mehr als zu den Herstellungskosten verkaufen darf? Ziemlich wichtige Fragen für die Finanz- und Verkaufsexperten. Der Text ist auch dann für Sie bindend, wenn die Geschäftsführer Ihrer Firma für eine Auslegung gerade mal nicht zur Verfügung stehen.

# Wie man Mißverständnisse bei Schriftstücken verhindert

Wie oft haben Sie schon einen Bericht oder eine Notiz gelesen und sich gewünscht, daß Sie den Verfasser fragen könnten, was dieses oder jenes bedeutet, warum er das so geschrieben hat und was man mit der Notiz anfangen soll? Es ist mehr als wahrscheinlich, daß Sie solche Fragen haben, besonders wenn Sie nicht sicher sind, worum es überhaupt geht, oder wenn Sie an der Richtigkeit der Mitteilung zweifeln. Es ist schon frustrierend, wenn dann niemand da ist, den man fragen kann. Der Verfasser hat sicher einiges auch verständlich erklärt, was Ihnen sonst entgangen wäre. Aber dann gibt es da immer noch etwas, das sie gerne wissen würden. Und es gibt immer Mehrdeutiges, das zu einer falschen Interpretation des Geschriebenen führen kann.

Fakt ist, daß alles, was wir hier über die mündliche Kommunikation gelernt haben, gleichermaßen für den Schriftverkehr in der Arbeitswelt gilt. Mündliche und schriftliche Kommunikation haben die gleichen Probleme der Mehrdeutigkeit und Interpretation gemeinsam. Ein klares Verständnis von Geschriebenem – einschließlich von Tätigkeitsbeschreibungen, Tätigkeitsbewertungen, Büchern, Zeitungen, Briefen, Bedienungsanleitungen, Formularen, Aktennotizen, Anweisungen und Fragebögen – entsteht durch Gespräche.

Wichtiges wird für gewöhnlich schriftlich fixiert. Es wird allerdings erst dann darüber diskutiert, wenn etwas schiefgelaufen ist. Das ist kein Weg, denn auch das geschriebene Wort muß eindeutig sein.

Ich habe einmal ein Seminar mit 25 Mitarbeitern von Esso abgehalten, die alle aus verschiedenen Bereichen kamen. Als ich über Probleme im Schriftverkehr referierte, stellte einer der Teilnehmer eine Frage zu Kurznotizen, die er häufig bei der Arbeitsorganisation verwendete, damit die Mitarbeiter seinen Arbeitsbereich verstehen. Diese allerdings haben seine Notizzettel oft mißverstanden. Was könnte er also tun, daß solche

Kurzinfos verstanden werden? Ich schlug ihm vor, am besten wäre es, er würde mit den Adressaten über seine Notizen reden. Er schien über diesen Vorschlag ziemlich verärgert zu sein und erwiderte, daß er dafür keine Zeit habe.

Verstanden zu werden kostet jedoch Zeit und Mühe. Natürlich wollen einige Leute auf solche Tips verzichten. Obwohl die meisten wahrscheinlich davon überzeugt sind, daß Schriftliches besser verstanden wird als Mündliches, ist das Gegenteil richtig. Schriftliches hat vielleicht den Vorteil, daß man es noch einmal lesen kann, im Gegensatz zu mündlich Geäußertem, sofern es nicht aufgezeichnet wird. Wenn die Geschäftsführerin uns eine kleine Notiz zukommen läßt, dann wird sie kaum die Geduld für alle möglichen Nachfragen mitbringen. Falls wir aber mit ihr persönlich oder telefonisch sprechen, dann wir sie uns auch ihr Ohr dafür leihen.

Im Gespräch kann man Mehrdeutigkeiten und andere Schwierigkeiten klären. Weil Sprecher und Hörer zusammen sind, kann das Gespräch interaktiv verlaufen. Der Sprecher kann die Reaktion im Gesicht seines Gegenüber deuten und zu weiteren Erklärungen ausholen. Oder der Hörer kann dazwischenfragen. Im Schriftverkehr muß man jedoch gewährleisten, daß alle essentiellen Informationen im Text zu finden sind. Egal, wie gut der Absender den Adressaten kennt, die Mehrdeutigkeit der Sprache stellt ein großes Hindernis im Schriftverkehr dar. Solange der Empfänger einer Botschaft nicht mit ihrem Absender reden kann, sind Mißverständnisse nicht auszuschließen. Auch wenn wir noch so sehr davon überzeugt sind, daß man dem geschriebenen Wort eher vertrauen kann.

Haben wir Informationen schriftlich fixiert, so können wir immer darauf zurückgreifen. Für eine vertragliche Vereinbarung gibt es daher entsprechende Unterlagen, die bei etwaigen Erinnerungslücken aushelfen. Schwarz auf weiß ist besser als alles Händeschütteln, denn eine schriftliche Vereinbarung ist – ungleich einem Gespräch – zugleich auch eine Dokumentation.

Schriftverkehr schließt Mißverständnisse jedoch ein, weil er das grundsätzliche Problem der erforderlichen Aufmerksamkeit und Interpretation nicht zu lösen vermag. Obgleich schriftliche Unterlagen dokumentieren, worüber gesprochen wurde, verraten sie uns nicht automatisch den Stellenwert der Kommunikation. Vor Gericht ist ein Schriftstück immer von größerem Gewicht als die persönliche Erinnerung. Und ganz offensichtlich von Vorteil, wenn Aussage gegen Aussage steht. Wir vertrauen auf das geschriebene Wort, weil wir es in unseren Händen halten, sehen und lesen können, und weil das für alle gilt. Die Sprache von Verträgen ist immer der Versuch, sich so klar, präzise und unzweideutig wie möglich auszudrücken. Dennoch haben die Gerichte alle Hände voll zu tun mit Fällen, in denen um Verträge gestritten wird, oftmals nur um eine Klausel, die verschieden interpretierbar ist.

Wenn also sogar die Fachsprache der Verträge falsch verstanden werden kann, welche Lösungen könnte es dann geben? Wir werden nun einige erörtern, u. a. die Benutzung einfacher Sprache und des Gesprächs über Schriftliches.

### *Die Benutzung einfacher Sprache*

Es gibt eine wachsende Tendenz in der englischsprachigen Welt, die Verwendung einfacher Sprache zu propagieren, so daß man nicht erst eine Fachsprache lernen muß. Diese Tendenz veranlaßt Leute, darüber nachzudenken, wie Sprache eigentlich funktioniert, was ein entscheidender Schritt zu klarer Kommunikation sein kann. In diesem Sinne spielt diese Tendenz eine führende Rolle bei der Verbesserung aller Kommunikationsvorgänge.

Eine ganze Reihe von maßgebenden Firmen, Organisationen und Berufsgruppen hat sich diesem Vorstoß zur Verwendung einfacher Sprache angeschlossen, indem sie diese anstelle eines Berufsjargons verwenden, wenn sie mit Nichtfachleuten kommunizieren. An einer vor kurzem in Vancouver zu Fragen der einfachen Sprache anberaumten Konferenz nahmen Politiker, Geschäftsleute und Juristen aus den USA, Kanada,

England, Neuseeland, Australien und Hongkong teil. Diese Bewegung setzt sich dafür ein, daß jeder, der mit Verträgen, Warnungen, Hinweisen, Steuererklärungen, Vereinbarungen, Bedienungsanleitungen und anderen Schriftstücken zu tun hat, ohne spezielle Ausbildung in der Lage sein sollte, diese zu verstehen. Ein Grundstücksvertrag im alten Stil wurde beispielsweise so abgefaßt:

> Der Eigentümer überschreibt dem Makler und in dieser Eigenschaft auftretenden Personen, welche hiermit zu einem entsprechenden Anteil von der Summe des Verkaufspreises als Courtage berechtigt sind, ebenso, wie die Agenten und Makler, die in ihrer Eigenschaft als solche den Eigentümer vertreten, zur Zahlung eines entsprechenden Anteils von der Summe des Kaufpreises als Courtage verpflichtet sind, am oder vor dem dritten Werktag nach dem Datum des Abschlusses oder des beurkundeten Besitzerwechsels (wobei der zeitlich frühere Termin geltend zu machen ist) die entsprechende Summe, die sich aus dem Verkauf, der Vermietung oder anderweitiger Überlassung ergibt.

Ein neuer Vertrag ist so formuliert:

> Sie zahlen die Maklergebühr an den Makler innerhalb von zwei Werktagen nach Abschluß des Verkaufs, sofern keine andere schriftliche Vereinbarung mit dem Makler vorliegt. Der Verkauf gilt als abgeschlossen, wenn der Besitzwechsel im Grundbuch registriert ist und der Käufer den Kaufpreis bezahlt hat.

Zweifellos kann man die Sprache von Schriftstücken vereinfachen. Das Problem von etwaigen Mehrdeutigkeiten bleibt trotzdem bestehen. Die Befürworter der einfachen Sprache scheinen die Wichtigkeit von Interpretation und Kontext nicht zu erkennen. Wird dieser neue Stil bewirken, daß es weniger Vertragsstreit vor Gericht gibt? Gewiß scheint die Sprache nun verständlicher zu sein. Aber ist sie tatsächlich auch zu verstehen?

Tatsächlich kann sie nun noch mehrdeutiger sein, da sie sich nicht mehr der juristischen Termini bedient. Die Fachsprache des Rechtswesens ist jedenfalls präziser für diejenigen, die mit ihr vertraut sind. Die einfache Sprache enthält, aufgrund größerer Möglichkeiten für einen Kontext, auch mehr Gefahren der Uneindeutigkeit. Die Beteiligten gewinnen vielleicht auch schneller den Eindruck, alles zu verstehen, und stellen weniger Fragen, um sich darüber zu verständigen. Im Ergebnis kann diese Sprachvereinfachung zur Vermeidung von Rechtsstreitigkeiten genau den umgekehrten Effekt haben. Wenn die einfache Sprache also gar nicht wasserdicht ist, dann sind wir wieder bei der mündlichen Verständigung über Geschriebenes angekommen.

### *Wie man sich in Gesprächen über Briefe, Berichte und Memos verständigt*

Unser Wissen von der Indexikalität und Reflexivität der Sprache kann zu einer klaren Kommunikation beitragen. Die Natur der Sprache ändert sich dadurch jedoch nicht. Wir sind uns lediglich der Ursachen von Verständnisproblemen bewußt. Wir können Briefe und Memos in verständlicher Form abfassen, wenn wir uns mit ein bißchen mehr Aufwand ein bißchen mehr Zeit dafür nehmen.

Sagen wir, ich bin der Produktionsleiter und mein Memo zur Entwicklung eines neuen Produkts muss von den Angestellten verstanden werden. Ich habe nicht die Zeit, mit jedem einzeln zu reden, also berufe ich die Abteilungsleiter zu einer Beratung über mein Memo. Diese stellen Fragen und hören meine Erläuterungen; im Gegenzug stelle ich mit meinen Fragen sicher, daß sie alles verstehen, was ich geschrieben habe. Sie können es dann auf die gleiche Weise in ihren Abteilungen besprechen. Jeder hat also die Gelegenheit, mit jemandem darüber zu sprechen, der zuvor mit mir gesprochen hat. Und da ich der Autor des Memos bin, stelle ich auch die Autorität dar. Ich werde außerdem dafür sorgen, daß ich weiterhin ansprechbar bin, persönlich, telefonisch oder auch per E-mail, um auf weitere Fragen und Bemerkungen zum Verstehen dieses Schriftstücks einzugehen.

Dorothy Winsor hat sich ausführlich mit den Problemen von Memos beschäftigt, die im Zusammenhang mit der Katastrophe des «Challenger»-Raumschiffs stehen. Ich habe gerade dieses Beispiel gewählt, weil die Mißverständnisse hier besonders folgenschwer waren. Zwei Memos zum selben Thema. Das erste ist der vollständige Text eines internen Memos von einem Ingenieur der Morton Thiokol International (MTI) an den für Ingenieurwesen zuständigen Vizepräsidenten der MTI.

> Dieser Brief soll aus der Sicht von Ingenieuren das Management über die Ernsthaftigkeit der gegenwärtigen Probleme mit der Dichtungsringerosion in den SRM-Verbindungen in vollständige Kenntnis setzen. Die Entscheidung über das Problem mit diesen Verbindungen für einen störungsfreien Betrieb und eine Untersuchungsreihe zur wirksamen Reduzierung des Erosionsproblems hat sich als falsch herausgestellt. Die Situation hat sich drastisch verändert, da in Folge der Erosion eines SRM-16A-Verbindungsstücks der zweite Dichtungsring erodierte, während der erste sich nicht verschloß.
>
> Sollte dieses Szenario sich in einem weiteren Verbindungsstück wiederholen (was durchaus möglich ist), dann kann es über die zuverlässige Funktionsweise der Verbindung keine Gewißheit geben, da der zweite Dichtungsring nicht auf die Öffnung des U-Stücks reagiert und daher nicht drucksicher ist. Die Folge wäre eine Katastrophe von schlimmstem Ausmaß – der Tod von Menschen. Ein inoffizielles Team unter Führung wurde am 19. Juli 1985 zur kurz- und langfristigen Behebung der Probleme gebildet. [Ein Memo über die Zusammensetzung und Zielstellung dieses Teams wurde nie veröffentlicht.] Dieses inoffizielle Team ist derzeit im Grunde nicht existent. Meiner Meinung nach muß dem Team die Aufgabe offiziell und voll autorisiert übertragen werden, um alles Nötige ohne Einmischung von außen zu tun (Einzelauftrag bis zur Erledigung).
>
> Es ist meine ehrliche und wohlbegründete Sorge, daß wir, wenn dieses Team zur Behebung des Problems mit dem Verbindungsstück nicht sofort und mit höchster Priorität berufen wird, Gefahr laufen, einen ganzen Flug einschließlich der Startrampe einzubüßen.

Wir müssen dabei verstehen, daß die Interpretation dieses Memos durch das MTI-Management darauf basierte, daß die Ingenieure, einschließlich des Verfassers dieses Schreibens, bis zu diesem Zeitpunkt die Fortsetzung der Startvorbereitungen befürwortet hatten, weil sie davon ausgingen, daß die zweiten Dichtungsringe im Falle einer Fehlfunktion der ersten Dichtungsringe sich verschließen würden, obwohl einiges darauf hindeutete, daß es nicht so ist.

Vergleichen Sie nun dieses Memo mit einem anderen zum selben Thema, das ein MTI-Ingenieur an einen der Verantwortlichen des Marshall Space Center, Hauptsitz des Shuttle-Programms, geschickt hatte, um über die Auswirkung kalter Temperaturen auf die Dichtungsringe zu unterrichten:

> Thema: Maßnahmen, die das Schließen der sekundären SRM-Verbindung betreffen.
> Auf Ihren Wunsch hin enthält dieser Brief die Beantwortung der zwei Fragen, die Sie auf der Juli-Telekonferenz zur Problemkontrolle gestellt haben.
> Frage: Wenn der zweite Verschluß des Verbindungsstücks unter Druck nachgibt, so daß er nicht mehr mit der Metallfläche um ihn herum plan liegt, wieviel Zeit vergeht dann, bis der Verschluß in seine ursprüngliche Position zurückkehrt?
> Antwort: Untersuchungsreihen haben ergeben, daß die Elastizität des Dichtungsrings (damit seine Fähigkeit, mit dem Metall sich auszudehnen) von der Temperatur und damit von der Wärmeausdehnung abhängt. MTI hat die Kraft des Dichtungsrings an Instron-Scheiben gemessen, die den nominalen Druck auf den Dichtungsring simulieren und dem Grad der Wärmeausdehnung gleichkommen. Bei 100 Grad Fahrenheit hielt der Dichtungsring vollen Kontakt und blieb dicht. Bei 75 Grad verlor der Dichtungsring für 2,4 Sekunden den Kontakt. Bei 50 Grad war die Dichtung nach zehn Minuten noch nicht wieder geschlossen, und der Test wurde beendet. Das Ergebnis ist, daß das Schließen der SRM-Verbindung auf der zweiten Stufe ihrer Dichtung nicht garantiert werden kann.

Frage: Wenn der erste Dichtungsring nicht schließt, wird die zweite Dichtung sich dann so schnell schließen, daß es nicht zu einem Leck in dem Verbindungsstück kommt?
Antwort: Es gibt für MTI keinen Grund anzunehmen, daß die erste Dichtung jemals versagen wird, nachdem der Druckausgleich erreicht ist, das heißt kurz nach der Zündung. Wenn die erste Dichtung zwischen 0 und 170 Millisekunden versagt, dann besteht eine sehr hohe Wahrscheinlichkeit, daß der zweite Dichtungsring dem Druck standhält, da die Materialausdehnung zu diesem Zeitpunkt unbeträchtlich ist. Fällt die erste Dichtung in der Zeit von 170 bis 330 Millisekunden aus, dann ist die Wahrscheinlichkeit der Funktion der zweiten Dichtung geringer. In der Zeit von 330 bis 660 Millisekunden ist die Wahrscheinlichkeit des Funktionierens der zweiten Dichtung gering. Dies ist eine direkte Folge der langsamen Anpassung an die Materialausdehnung der Metallsegmente in dem rotierenden Verbindungsstück.
Bitte rufen Sie mich oder Mr. Roger Boisjoly an, wenn Sie noch weitere Fragen zu diesem Thema haben.

Das erste Memo hat die Räume der MTI nie verlassen. Der Ingenieur, der es schrieb, versah es mit «betriebsintern». Wenn man es liest, dann kann man nur schwer verstehen, warum seine Botschaft nicht verstanden wurde. Trotzdem hat das Management ihr weniger Bedeutung beigemessen als wir, die wir nicht vom Fach sind. Aus unerklärlichen Gründen sahen sie sich nicht veranlaßt, den Start zu stoppen.

Das zweite Memo wurde von MTI an Marshall geschickt. Dort wurde es vom Verantwortlichen für Feststoffraketen an die NASA weitergeleitet. Er legte sein Veto ein, indem er das Memo als «nichts Neues» einstufte. Bei der Untersuchung der Shuttle-Katastrophe sagte dieser Verantwortliche aus, daß er die Bedeutung des Memos nicht erkannt habe. «Es gab eine ganze Menge Leute, die nicht clever genug waren, den Schleier zu lüften, und sagten 'Mann', was soll denn das bedeuten?»

Der NASA-Mitarbeiter, für den das Memo bestimmt war, sagte in der Untersuchung: «Ich weiß nicht, ob zu diesem Zeitpunkt überhaupt jemand das Verbindungsstück so gut verstanden hat, daß er die Bedeutung dieser Information voll erkannt hätte.» Erinnern wir uns daran, daß es hier um ein Memo zwischen Ingenieuren geht, die beide an demselben Projekt arbeiteten. Könnte es einen besseren Beweis für die Probleme der Interpretation von Schriftstücken geben? Dorothy Winsor schrieb in der Zusammenfassung ihrer Analyse, von der dieses Beispiel stammt: «Daß das Memo seine Botschaft nicht kommunizierte, wird durch den Umstand belegt, daß sich die Empfänger über seine Bedeutung nicht sicher waren.»

Korrespondenz, Memos und Berichte mit hochwichtigen Informationen müssen von den Absendern mit den Empfängern diskutiert werden. Wir sollten nie davon ausgehen, daß Briefe, Memos und Berichte einfach nur beim Durchlesen adäquat verstanden werden. Das liegt nicht daran, daß wir nicht gut lesen oder schreiben können, sondern am Charakter der Sprache und an ihrem Zusammenhang mit Mißverständnissen.

### *Wie man schriftliche Instruktionen erörtert*

Haben Sie schon einmal versucht, am Weihnachtsabend das Spielzeug Ihrer Kinder zusammenzubasteln, wenn diese schon im Bett sind. Sie wären lieber selber im Bett, mühen sich aber damit ab, was bei Schritt A genau zu machen ist und wieso diese Schraube nicht in jene Bohrung paßt. Die Bauanleitung scheint von jemandem zu stammen, der das alles schon hundertmal gemacht hat. Wenn man denjenigen doch bloß was fragen könnte.

Viele von uns sind auch schon verzweifelt, wenn es darum ging, den Computer mittels Handbuch zu verstehen. Einige Firmen haben indes das Dilemma erkannt und bieten einen gebührenfreien Telefonservice an. Word Perfect hat zum Beispiel ein solches Angebot: «Haben Sie ein Problem, das nicht mit dem Handbuch, der Hilfe-Funktion oder durch Ihren Händler zu klären ist, dann rufen Sie an ...»

Auch andere Firmen, die nichts mit Computern zu tun haben, sind schon mit telefonischem Service für Kundenhilfe da. Die Instruktionen für alle komplizierten Geräte müssen erweitert werden durch die Gespräche zwischen denen, die genau Bescheid wissen, und denen, die mit den Geräten arbeiten. Die Experten werden entsprechend ausgebildet. Ist kein Fachmann für den Service da, weil die Kosten gespart werden müssen, dann ruft man eben die fernmündliche Hilfe als akzeptablen Ersatz an. Geht es darum, Spielzeug oder kleinere Geräte zusammenzubauen, dann haben Sie vielleicht sogar eine weniger aufwendige Alternative: Eine Skizze oder ein Bild kann schon helfen. Skizzen und Bilder sind analog zu unseren Beispielen bezüglich dem Gespräch.

Erinnern wir uns, daß die prinzipiellen Probleme, auch bei Montageanleitungen, von den Eigenschaften der Sprache abhängen – und nicht von denen des Autors. Die Probleme der Sprache betreffen allerdings jeden.

### *Wie Tätigkeitsbeschreibungen funktionieren*

In einer Firma gab es ernste Probleme mit neuen Angestellten. Als sie am Ende der sechsmonatigen Probezeit eingeschätzt wurden, beklagten sich viele von ihnen, daß sie nach Aufgaben und Verantwortlichkeiten eingeschätzt würden, die nicht in ihren schriftlich niedergelegten Tätigkeitsbeschreibungen enthalten seien.

Es handelte sich um ein Problem des Kontexts. Die Leiter hatten einen Kontext für die Tätigkeitsbeschreibungen, den sie mit den Angestellten gar nicht gemeinsam haben konnten. Die Leiter arbeiteten schon lange für diese Firma und hatten diese Tätigkeiten selbst ausgeübt. Sie wußten genau, wie sich die einzelnen Aufgaben in das Ganze einfügen. Sie kannten auch die Kriterien, mit denen hervorragende Arbeit vom Durchschnitt oder von schlechter Arbeit zu unterscheiden ist. Diese Qualität ist jedoch in einer Tätigkeitsbeschreibung schlecht zu erfassen, da sie aus solch persönlichen Eigenschaften wie Einstellung, Entschlossenheit, Flexibilität, Kreativität und der Bereitschaft zu Extraanstrengungen erwächst.

Die neu Eingestellten hatten dagegen ihren eigenen Kontext. Die Aufgaben hatten sich verändert seit den Zeiten, in denen diese von den jetzigen Leitern erledigt wurden. Jetzt gab es neue Methoden, neue Kollegen, neue Technik und andere Vorschriften und Ziele, die allesamt die Arbeit in dieser Firma gänzlich verändert hatten. Die Leiter waren sich dessen nicht bewusst. Von ihrem Standpunkt aus war alles so zu erledigen, wie sie das kannten. Die Neuen mußten dieser Erwartung gerecht werden, was schon deshalb nicht einfach war, weil die Leiter alles für selbstverständlich ansahen. Ein Leiter kritisierte seinen Mitarbeiter, weil dieser etwas nicht so gemacht hatte, wie es ihm eigentlich zuvor hätte erklärt werden müssen. Im folgenden ein Ansatz, wie das Problem zu lösen wäre.

Jeder muß den Unterschied zwischen dem, was als Arbeit zählt, und dem, was die Tätigkeit ist, erkennen. Das ist schon ein etwas realistischerer Blick auf die Tätigkeitsbeschreibung. Es bedeutet nämlich, daß man seine Arbeit so macht, wie es erwartet wird. Das ist in den Tätigkeitsbeschreibungen natürlich niemals detailliert ausformuliert. Erst dadurch, daß Leiter und Angestellte sich in einem gemeinsamen Kontext verständigen, entsteht ein Verständnis der Tätigkeit. Manchmal bleibt das aus, weil die Leute nicht erkennen, daß es gerade darum geht. Sie denken, daß Tätigkeitsbeschreibungen umfassend und genau sind. Von der Indexikalität der Sprache lernen wir, daß auch Tätigkeitsbeschreibungen viele verschiedene Bedeutungen, abhängig vom jeweiligen Kontext des Lesers, haben können. Mit diesem Wissen können wir das Abfassen von Tätigkeitsbeschreibungen ändern. Drei Grundschritte helfen uns, eine speziell zugeschnittene Tätigkeitsbeschreibung im Kern aufzubauen:

1. Geben Sie Beispiele. Fügen Sie der allgemeinen Beschreibung Beispiele hinzu, was als Tätigkeit erwartet wird. Diese Beispiele sollten Sie den Gesprächen mit Angestellten entnehmen.
2. Überarbeiten Sie die Tätigkeitsbeschreibungen von Zeit zu Zeit. Leiter und Angestellter sollten mindestens einmal im Jahr die Tätigkeitsbeschreibung gemeinsam durchsehen und Beschreibungen und Beispiele hinzufügen oder weglassen, um die Änderung der Tätigkeit und die veränderte Kompetenz des Angestellten zu berücksichtigen.
3. Kombinieren Sie die Tätigkeitsbeschreibung mit der Leistungsbewertung. Das garantiert, daß Leiter und Angestellter einen gemeinsamen Kontext für die auszuführende Tätigkeit haben.

Diese Schritte präzisieren die Beschreibungen und gewährleisten, daß sie immer wieder überarbeitet werden.

## Die bessere Antwort: der Montagszettel

Eine ausgezeichnete Methode, in schriftlicher Form gegenseitiges Verstehen zu gewährleisten, ist der interaktive Austausch. Der berühmte Raketeningenieur Wernher von Braun wurde 1960 Direktor des Marshall Space Flight Center. Philipp Thompkins berichtet, daß von Braun alle seiner fast zwei Dutzend Forschungsdirektoren und Programmleiter wöchentlich um einen kurzen Bericht von einer Seite Länge bat, in dem die Fortschritte und Fragen der Woche zusammengefaßt waren. Ganz bewußt verzichtete er auf die Vorgabe eines Formulars, das bloß noch auszufüllen gewesen wäre. Er wollte Name, Datum und eine Seite Text. Jeden Montag waren die Berichte in seinem Büro abzuliefern.

Diese Montagszettel erwiesen sich als sehr nützlich für die gesamte Kommunikation – mit der Direktion und untereinander. Von Braun machte auf jedem Blatt ausführliche Anmerkungen für spätere Diskussionen: Fragen, Vorschläge und Komplimente für gute Leistungen. Außerdem wurden die Montagszettel mit von Brauns Randbemerkungen kopiert und an alle verteilt.

Diese Montagszettel waren sehr wertvoll. Sie hielten den Direktor auf dem laufenden und informierten alle Leiter über alle Abteilungen. Sie waren dabei nicht die Endstufe des Austauschs, sondern erst der Anfang. Die Leute hatten ein Feedback ihrer eigenen Arbeit und erfuhren auch von dem der anderen. Die Kommunikation innerhalb eines Bereichs wurde ebenfalls verbessert, da ein Leiter für die Abfassung seines Montagszettels auf die Zuarbeit seiner Untergebenen angewiesen war. Wenn Berichte aus verschiedenen Abteilungen dasselbe Problem behandelten, so konnte in dieser Redundanz wichtige Information einfach nicht verlorengehen. Die Berichte gingen direkt zwischen den Ingenieuren und von Braun hin und her, konnten also durch keine Zwischenstufe des Managements verändert, umgeschrieben oder gar unterdrückt werden.

Dieser regelmäßige informelle Austausch von Informationen, Ideen, Meinungen, Problemen und deren Lösungen bildete die Basis für weitere Kommunikation über allgemeine Fragen und Fortschritte. Die Zettel waren gleichsam die Grundlage des gemeinsamen Kontexts, um zu verstehen, woran jeder arbeitete, was er darüber schrieb und wie darüber gesprochen wurde. Die Marshall-Beschäftigten hoben besonders den persönlichen Ton der Berichte als positiv heraus. Verglichen mit der formalen und sterilen Kommunikation, mit der es jeder ansonsten zu tun hatte, waren diese Berichte nicht förmlich, auf den Punkt gebracht und auf wunderbare Art menschlich. Die Leute erkannten sich wieder in diesen Schreiben. Manchmal wurden sie auch für Auseinandersetzungen unter einzelnen Leitern benutzt. Wie sie es ausdrückten: «Wir mißbrauchen sie gelegentlich – für mehr Aufmerksamkeit.»

Diese Zettel waren die effektivste Form schriftlicher Berichte, weil sie im wesentlichen interaktiv waren. Ihre Häufigkeit, die unmittelbare Antwort des Direktors und die Zirkulation unter allen Verfassern ergaben eine Form der schriftlichen Konversation, die spontan zu mündlicher Konversation über alle wichtigen Fragen unter den Beteiligten führte. Außerdem erweiterten sie die Kenntnisse zu einem gemeinsamen Grundlagenwissen: ein gemeinsamer Kontext des Verstehens.

Bei vielen Großunternehmen und Regierungsbehörden ist ein solches informelles System natürlich nur schwer vorstellbar, da es ganz bewußt die Hierarchie der einzelnen Leitungsebenen umgeht. Kommunikation nach unten ist immer noch der bevorzugte Stil. 1967 ordnete die NASA das System der Montagszettel für alle ihre Einrichtungen und Raumfahrtzentren an. Doch an die Stelle der informellen und einfachen Zettel, die von Brauns System als offenen Austausch so erfolgreich gemacht hatten, traten nun dickleibige Ordner mit Vorschriften und Formularen. Man hatte die besondere Funktion dieser Form von schriftlicher Kommunikation einfach nicht erkannt.

Kürzlich hatte ich die Gelegenheit, Montagszettel einmal woanders auszuprobieren. Peter Graves, der Manager der örtlichen Niederlassung von Worldwide Travel, einem aufstrebenden Reiseveranstalter, wollte den Informationsaustausch und Kontakt mit seinen Leuten in den Touristikbüros verbessern. Ich schlug ihm die Einführung von Montagszetteln vor, um mit den Mitarbeitern in direktem Kontakt über alles Wesentliche zu stehen: Ideen, Probleme, Zufriedenheit oder Unzufriedenheit, Kundenwünsche und Betriebsklima. In einem Brief vom 8. Januar 1993 schrieb er:

> Unser Montagszettel-System funktioniert weiterhin sehr gut. Es ist ein ausgezeichnetes Forum für jeden Mitarbeiter, Ideen und Sorgen zum Ausdruck zu bringen.
> Dieses System hat sich als goldrichtig herausgestellt, da wir nun auf dem Wege sind, das größte Reiseunternehmen im Land zu werden.

Montagszettel sind eine bewährte Methode verbesserter Kommunikation. Aber wie steht es um neuere Methoden mit den Mitteln der elektronischen Kommunikation?

## E-mail und andere Formen der Kommunikation mittels Mensch/Maschine

Viele von uns benutzen inzwischen Computer, um mit Kollegen zu kommunizieren. Unsere neuesten Maschinen übermitteln schriftliche Kommunikation, die interaktiv funktioniert, obwohl sie nicht von Angesicht zu Angesicht verläuft; die nicht mündlich ist und sich dennoch vom herkömmlichen Schreiben unterscheidet; die keine normale Post ist und trotzdem geschrieben wird; die kein Gespräch ist und trotzdem Gesprächsmerkmale aufweist. Wir benutzen inzwischen E-mail, Computerkonferenzen und Faxgeräte anstelle von Briefen, Memos, Anrufen und Beratungen, bei denen alle anwesend sein müssen. Diese neuen Methoden sind schnell, und dennoch muß vor ihnen auch gewarnt werden: Maschinen, die Informationen hervorbringen, speichern und kommunizieren, verhüllen den interpretierenden Prozess, der diesen Informationen erst Bedeutung gibt. Wir müssen uns daher vor allem dessen bewußt werden, wie die Maschinen unser Verständnis des Kommunizierten beeinflussen.

Gibt es schon Richtlinien, mit dieser neuen Technik wirksam zu kommunizieren? Sie bilden sich zusammen mit der neuen Technik und mit deren Anwendung in der Arbeitswelt heraus. In dem Verlag, bei dem ich meine Bücher veröffentliche, wurde E-mail eine Weile für die hausinterne Kommunikation verwendet, mit Richtlinien dafür, was und was nicht über E-mail gehen sollte. Sie fanden beispielsweise heraus, daß E-mail für die Terminplanung ungeeignet ist. Es schien zunächst anders: Jeder wurde von anstehenden Terminen und Vorhaben direkt in Kenntnis gesetzt; jeder konnte entweder zusagen oder einen anderen Terminvorschlag machen. Alle hatten so auch die Gelegenheit, ihre Anliegen bereits anzuzeigen. Aber zwischen allen diesen Nachrichten wurde die Absicht des ersten Rundschreibens manchmal ins Gegenteil verkehrt. Man verlor den Überblick, wer warum ein Meeting einberief. Nachdem man diese Nachrichtenlawine eine Zeitlang zu bewältigen glaubte, wurde die E-mail-Terminplanung neu geregelt. Diejenige Person, die ein Meeting einberuft, schreibt an alle Teilnehmer. Diese können dann mit ihrer Zusage antworten. Jeder, der den Termin nicht wahrnehmen kann oder etwas zur Beratung vorschlägt, muß jedoch mit dem Absender direkt sprechen. Obwohl die maschinengestützte Kommunikation nicht die optimale Form der Kommunikation sein kann, weisen E-mail, Computerkonferenzen und Netzwerksysteme viele der Vorteile mündlichen und schriftlichen Verkehrs auf. Sie sind zum einen interaktiver als die Standardkorrespondenz, zum anderen wird das «Gesagte» im Speicher festgehalten, was bei einem Gespräch normalerweise nicht der Fall ist (falls kein Tonband läuft). Jeder kann sich beteiligen und jederzeit einschalten. Der Computer zeigt neue Post immer sofort an.

Meine Untersuchungen zum Thema der Computerkonferenzen zeigten, daß diese gegenüber dem traditionellen Schriftverkehr handfeste Vorteile haben, da die verwendeten Computerprogramme wichtige Punkte wie Themen und Kurzinformationen zu den Teilnehmern so herausstellen, daß ein kohärentes und nachvollziehbares «Gespräch» entstehen kann.

Der Nachteil ist, daß man überhaupt erst eine neue Etikette erlernen muß, wie man elektronisch miteinander verkehrt und dabei den normalen Umgang mit anderen aufrechterhält. Wie spricht man mit Leuten, die man nicht sieht oder hört? Die gewohnte kontextuelle und nonverbale Orientierung fehlt, es ist also viel schwieriger, Bedeutung zu interpretieren. Und sofern es keine direkte On-line-Kommunikation gibt, sind auch kein Feedback und keine Nachfragen zum Verständnis möglich.

### *Kommunikationsverbindungen und ihre Zuverlässigkeit*

Die Federal Aviation Administration (FAA – Bundesluftfahrtbehörde) beschloß, das Risiko von Mißverständnissen zwischen Fluglotsen und Piloten mit neuen Einrichtungen für den Informationsaustausch vor dem Start zu reduzieren. Das neue System ersetzt die langwierige, fehleranfällige, fernmündliche Cockpit-Tower-Verständigung mit einem Datenstrom zum Drucker im Cockpit. Die FAA gibt bekannt, daß diese Technologie die Zahl menschlicher Fehlleistungen bei Höhenvorschriften und Funkfrequenzänderungen um mehr als 50 Prozent verringert.

Umgekehrt ermöglicht das neue System, Anfragen zur Starterlaubnis per Knopfdruck in den Tower zu übertragen. Der Tower sendet die Starterlaubnis als elektronisches Datenmaterial zurück, was Mißverständnisse durch eventuell beeinträchtigtes Hören ausschließt. Der Funkkontakt der menschlichen Stimmen und Ohren bleibt dennoch von größter Bedeutung, um sich über fehlerhafte Interpretationen zu verständigen. Die Sondersprache des Tower-Personals ist ohnehin darauf ausgerichtet, die der Sprache innewohnende Mehrdeutigkeit zu reduzieren. Wegen der Kontextgebundenheit ihrer Bedeutung ist sie aber nicht völlig auszuschließen. Auf die gesprächsweise Verständigung zwischen Cockpit und Tower kann nicht verzichtet werden, weil die Instruktionen vom Tower die jeweiligen Anforderungen des Flugzeugs und seiner Besatzung in Rechnung stellen müssen.

Unter Vernachlässigung solcher Probleme kann man also sagen, daß jedes System mit interaktivem Schriftverkehr eine Verbesserung darstellt. Trotzdem handelt es sich dabei nicht um die Ersetzung eines Gesprächs. Dieser Zusammenhang wird noch deutlicher, wenn wir uns nun anderen Formen elektronischer Kommunikation zuwenden.

### *Elektronische Aufzeichnungen und Aufnahmen*

Patientenberichte in Krankenhäusern sind mehr und mehr eine Sache der Elektronik geworden. Keine Schwester und kein Arzt kritzelt mehr die bekanntlich unentzifferbaren Bemerkungen auf die Karten am Fußende des Patientenbetts. Die Computer haben das übernommen. Automatisierte Aufzeichnungssysteme sammeln, speichern und geben die Patientenberichte wieder. Die Computer erhalten die Daten direkt von den medizinischen Untersuchungsgeräten. Auf diese Daten, entsprechend formatiert, können dann Schwestern, Ärzte und Therapeuten zurückgreifen.

Diese maschinelle Kommunikation hat den Anschein, daß Mißverständnisse ausgeschlossen sind. Tabellen, die vom Computer errechnet und gezeichnet werden, sind klar und leserlich. Viele scheinen weniger anfällig für Fehlinterpretationen als die schriftlichen Befunde einer Schwester oder der Überweisungsschein des Arztes. Und sie helfen den Schwestern Zeit sparen, da sie nicht mehr alles einzeln immer wieder überprüfen müssen. Die Interpretation von Schrift ist aber immer noch notwendig.

Die Daten gehen in den Computer durch die Software, die jemand anders geschrieben hat. Diese Software «sagt» dem Rechner, wie bestimmte Informationen zu identifizieren und zu interpretieren sind. Die Informationen werden dann umgewandelt in graphische Darstellungen, die wieder jemand anders entworfen hat. Die Daten werden also auf die gleiche

Weise wie jedes andere schriftliche Dokument interpretiert. Elektronisch geschriebene Dokumente ersetzen demnach die Interpretation durch den jeweiligen Fachmann mit der Interpretation des Software-Entwicklers. Schwester, Arzt und Therapeut sind deshalb immer noch gefordert, die neuen «Patiententafeln» sorgfältig zu lesen. Ein anderer Nachteil dieser elektronischen Datenerfassung und -verwaltung ist außerdem zu berücksichtigen: Der Arzt verbringt weniger Zeit mit dem Patienten, spricht nicht mehr so viel mit ihm und seinen Angehörigen.

Hüten Sie sich also vor Behauptungen, daß man nun bei solchen Daten-Dokumenten ohne Interpretation auskommen könnte. Auch hier hätte das Ignorieren des Kontexts ernste Folgen für den Sinn der Kommunikation.

## Zusammenfassung

Schriftliche Kommunikation anzuwenden heißt, die Probleme von Geschriebenem und deren Lösungen zu kennen. Folgendes ist dabei von Wichtigkeit:

- Schriftliches ist genauso mehrdeutig wie Mündliches.
- Geschriebenes, genauso wie Gesprochenes, wird erst durch die Interpretation verständlich.
- Auch Schriftverkehr benötigt einen gemeinsamen Kontext des Verstehens.
- Man muß für einen imaginären Leser schreiben. Es kann allerdings passieren, daß man dessen Horizont und Kompetenz falsch einschätzt.
- Oft kann man nicht nachfragen, was der Verfasser gemeint hat.
- Allzu ausführliche Schreiben werden wahrscheinlich kaum gelesen.

Die Lösungen leiten sich auch hier von unserem Wissen über Mißverständnisse her:

- Erkennen Sie, daß Ihr geschriebener Text vom Leser wahrscheinlich nicht genau so verstanden wird, wie Sie es gemeint haben.

- Je größer die Zahl der Adressaten, desto wahrscheinlicher sind Mißverständnisse.
- Überlegen Sie, was Sie bei einem bestimmten Thema über den Horizont und die Kompetenz Ihrer Adressaten wissen.
- Überlegen Sie, welche anderen Möglichkeiten Ihr Adressat hat, Sie zu verstehen.
- Geben Sie solche Möglichkeiten am besten selbst an.
- Gehen Sie nie davon aus, daß etwas Geschriebenes sich automatisch selbst erklärt.
- Fassen Sie sich kurz und kommen Sie auf den Punkt.
- Machen Sie den Schriftverkehr interaktiv, indem Sie für Gespräche über das Geschriebene zur Verfügung stehen.
- Ermutigen Sie Ihre Leser zu Erwiderungen, regen Sie Feedback an.
- Lassen Sie es keinesfalls zu, daß wichtige Informationen wie Formulare und Standardbriefe behandelt werden.
- Halten Sie persönliche Beratungen zu allen wichtigen Schriftstücken mit denjenigen ab, die sich an diese halten müssen.

Die Grundregel aller schriftlichen Kommunikation ist, daß wir uns anschließende Gespräche über alles Wichtige zur Angewohnheit machen müssen. Einige Minuten mündlicher Verständigung können Stunden, Tage oder sogar Wochen mühseliger Klärung der Folgen von Mißverständnissen ersparen. Außerdem natürlich Zeit, Reise- und Gerichtskosten. Und das Geschäftsklima wird sich verbessern.

Fünftes Kapitel

# Der feine Unterschied: Nicht von Stereotypen reden

Wir leben in einem Zeitalter, in dem alle möglichen Gruppen von Menschen über ihre Identität und Rechte sprechen. Beinahe täglich hören wir in der Arbeitswelt von einer neuen Gruppe, die fordert, oftmals vollkommen gerechtfertigt, über ihre speziellen Anliegen zu reden. Während weltweit immer mehr Menschen zusammenzufinden scheinen, werden besondere Gruppenidentitäten stark betont. Gruppenidentitäten haben eine neue Sensibilität in der Kommunikation über Geschlechter- und Kulturgrenzen hinweg bewirkt.

Dieses Kapitel beschäftigt sich mit der Wahrnehmung von Gruppenidentitäten, die in der Kommunikation eine Rolle spielt. Statt den durchaus notwendigen Respekt beim korrekten Umgang mit anderen zu betonen, wird hier die vorhergehende Erörterung fortgeführt, um zu zeigen, daß geschlechtsspezifische und kulturelle Stereotypen ebenfalls Ursache von Mißverständnissen sein können, weil sie keinen gemeinsamen Kontext wahren. Jemand einfach nur als Typ einer bestimmten Kategorie anzusehen heißt auch, die Herstellung eines gemeinsamen Kontexts zu erschweren oder gar zu ignorieren. Gruppen- und Geschlechtsidentitäten können wichtige Aspekte des Kontexts ausmachen, sie sind aber nicht automatisch und von vornherein das Wichtigste. Innerhalb unserer eigenen Gruppe kann es ja auch zu Mißverständnissen kommen, wenn auf einen falschen oder einen nicht vorhandenen Kontext Bezug genommen wird.

Geschlechts- und nationale oder ethnische Stereotypen eignen sich nicht als Schlüssel zum Verständnis. Gute Kommunikation zeichnet sich als Verständigung von Individuen aus und nicht als Verständigung zwischen stereotypen Vertretern. Ein gemeinsamer Kontext muß jedesmal in einer individuellen Interaktion erarbeitet werden. Die Gruppenidentität gibt uns keine Anleitung, wie mit jemandem zu reden ist. Wir und die anderen müssen uns verstehen, indem wir die konkrete Situation verstehen. Dieses Kapitel soll Ihnen das Verständnis dafür eröffnen, wie persönliche Verantwortung im Umgang miteinander auf dem Funktionieren der Sprache basiert – und nicht auf den Stereotypen der einzelnen Gruppen.

## Kennen Sie Stereotypen?

«Du weißt doch, die sind alle gleich.»
«Klar, alle gleich. Die haben keinen Sinn für Humor. Und die haben keine Ahnung, wie's gemacht werden muß.»
«Die sind alle so ruhig, finde ich richtig erstaunlich.»
«Ja, und sie können hart arbeiten. Oft zwei oder drei Jobs auf einmal, damit sie sich später einmal selbständig machen können.»

Jeder hat schon mal positive oder abwertende Bemerkungen über andere Gruppen gehört. Ein einziges Wort – Frauen, Männer, Schwarze, Weiße, Juden, Deutsche, Italiener, Kalifornier, Südstaatler – ruft meist schon ein Bild in unseren Köpfen auf. Aber was bringt das?

Jeden Tag haben wir es mit Personen anderen Geschlechts oder verschiedener Herkunft zu tun. Unsere Kollegen und Angestellten sind immer häufiger gemischte Gruppen. Jolie Solomon schreibt in einem Artikel für das «Wall Street Journal», daß im Jahr 2000 der Beschäftigtenanteil weißer männlicher Arbeitnehmer weniger als 40 Prozent betragen wird. Ansteigen wird dagegen der Anteil von Frauen und Menschen afrikanischer, lateinamerikanischer, asiatischer und indianischer Herkunft. Wie ist diese Vielzahl der Unterschiede in der Arbeitswelt zu bewältigen, die sich nun aus den geschlechtsspezifischen, ethnischen, kulturellen, religiösen, rassischen, sprachlichen und anderen Differenzen unter Kollegen ergibt? Wir sprechen vielleicht die gleiche Sprache; was machen wir aber damit, daß sich aus Erziehung, Dialekt, Akzent, Bräuchen, Sitten, Motiven,

Gewohnheiten, Bedürfnissen, Vorlieben und Vorurteilen auch für die sprachliche Bedeutung Unterschiede ergeben?

Es könnte alles ein bißchen viel werden. Trotzdem müssen wir den richtigen Umgang mit anderen pflegen, sonst verlieren wir vielleicht unsere Arbeit oder unsere Firma. Wir müssen die entscheidenden Unterschiede und Gemeinsamkeiten kennen, um eine Grundlage für klare Kommunikation zu haben. Für die meisten von uns besteht das Problem auch gar nicht darin, daß wir nicht wüßten, wie wir mit Leuten aus anderen Kulturen oder Personen des anderen Geschlechts reden können, sondern vielmehr darin, daß wir mit einer ganz bestimmten Person reden müssen, daß wir es mit Individuen zu tun haben.

## Die Definition von Gruppen

In seiner Einführung in die Soziologie weist Harry M. Johnson darauf hin, daß unsere Vorliebe, Menschen in soziale Gruppen einzuteilen, Willkür ist, denn diese Einteilung geschieht aufgrund der Bevorzugung bestimmter Merkmale auf Kosten anderer Eigenschaften. Wir alle haben nämlich viele Gruppenzugehörigkeiten zugleich, von denen jede einzelne einen Aspekt unserer Identität bildet. Außerdem können wir noch weitere Zugehörigkeiten ausbilden. Eine Person kann zum Beispiel Geschäftsfrau, Eigentümerin, Angestellte, Marketingexpertin, Handwerkerin, Anwältin, Ehegattin, Golferin, Tennisspielerin, schwarz, amerikanisch, kalifornisch, republikanisch, groß, gutaussehend, Mutter, Großmutter, also all das auf einmal sein. Es ist nicht schwer festzustellen, daß einige dieser Identitäten keine Bedingung für die anderen darstellen. Eine Geschäftsfrau könnte keiner, einigen oder allen der genannten Gruppen angehören.

Daraus kann man schließen, daß die Unterschiede innerhalb von einzelnen Gruppen sogar größer als die zwischen verschiedenen Gruppen sein können. Die Verschiedenheit von Frauen kann größer als die von Männern und Frauen sein. Die Unterschiede zwischen Schwarzen können größer als die zwischen Schwarzen und Weißen sein. Wir können uns also auf solche Verallgemeinerungen von Gruppen und Geschlechtern nicht verlassen, wenn wir mit anderen als Individuen reden und einen spezifischen Kontext erlangen müssen. Den können wir nur durch unsere Interaktion mit ihnen herstellen. Wir können dabei die kulturelle Prägung und das Geschlecht als einen potentiell wichtigen Bestandteil des Kontexts einsetzen, ganz bestimmt aber nicht dieser Prägung oder dem Geschlecht allein schon entnehmen, wie wir mit unserem Gegenüber zu reden haben.

Es geht hier aber nicht um eine ethische oder moralische Debatte gegen Stereotypen, obwohl solch eine Debatte sicher möglich wäre. Es ist eine Frage der Wirtschaftlichkeit und Effizienz. Durch Mißverständnisse gehen Zeit und Geld verloren. Um diese Verschwendung zu minimieren, brauchen wir einen gemeinsamen Kontext des Verstehens in jeder Situation. Auf Stereotypen können wir uns bei der Arbeit jedenfalls nicht verlassen: denn Individuen mögen vielleicht den Stereotypen ihrer Gruppe entsprechen, aber vielleicht eben auch nicht.

Die Teilnehmer in meinen Seminaren über Kommunikation führen immer eine kleine Übung durch, die sie zum Nachdenken über soziale Stereotypen bringt. Jeder für sich denkt an eine spezielle, eindeutig zu identifizierende rassische, kulturelle, ethnische, religiöse oder geschlechtsspezifische Gruppe, die aber nicht die eigene ist. Sie müssen nun eine Charakteristik dieser Gruppe abgeben, indem sie auf die Frage der anderen «Wie sind sie wirklich?» antworten. Danach sollen sie die eigene Zugehörigkeit definieren. Wieder lautet die Frage «Wie sind sie wirklich?»

Danach werden die Gemeinsamkeiten und Unterschiede zwischen den Gruppen verglichen und gegenübergestellt. Zusätzlich sollen Beispiele für charakteristische Verhaltensweisen genannt werden, um diese Vergleiche und Gegenüberstellungen zu belegen. Genau hier fängt derÄrger an. Die Beispiele bereiten Schwierigkeiten. Die Teilnehmer streiten sich darüber, wie das in den Beispielen beschriebene Verhalten gedeutet wird. Man streitet außerdem, wie typisch ein bestimmtes Verhalten für eine ganze Gruppe sein soll. Häufig fallen die Verallgemeinerungen einfach weg, wenn die Kursteilnehmer sich über reale Menschen in realen Situationen unterhalten.

## Verallgemeinern ist notwendig

Die Welt ist komplex, und wir müssen sie irgendwie in den Griff kriegen. Viele Theorien gab es schon darüber, wie das zu bewältigen ist. Eine Theorie besagt, daß wir als Kleinkinder die Welt als ein großes Ganzes erfahren, wo alles zusammenhängt und verschiedene Ereignisse oder Objekte kaum voneinander differenziert werden. Später erlernen wir die Sprache. Wir benutzen die Sprache dafür, die ungeheure Anzahl von Einzelreizen auf Begriffe zu bringen, indem wir Ähnliches zu Kategorien zusammenfassen. Wir geben Lebewesen und Gegenständen Namen, etwa Vogel, Stuhl, Frau, Mann, Buch, Bank, blau, Chef, Angestellter oder Auto, indem wir ihre allgemeinen Merkmale betonen und ihre spezifischen, individuellen Eigenheiten ausblenden.

Nehmen wir als Beispiel das Wort Vogel. Es schließt kleine Vögel (Spatzen) wie auch große Vögel (Kondore) ein; Vögel, die viel fliegen (Krähen), wenig fliegen (Hühner) und überhaupt nicht fliegen (Strausse); Vögel, die vorwärts, rückwärts und im Stand fliegen können (Kolibris); Vögel, die auf dem Wasser schwimmen (Enten); Vögel, die tauchen und unter Wasser schwimmen (Kormorane); Vögel, die Samen (Tauben), Würmer (Drosseln), Insekten (Schwalben), andere Vögel (Falken), Säugetiere (Habichte), Fisch (Pinguine) oder fast alles (Elstern) fressen; Zugvögel (Seeschwalben) und Nesthocker (Wachteln); Vögel, die wir jagen (Fasane) und die wir nicht jagen (Adler). Die Liste könnte noch seitenweise weitergehen. Wenn wir also sagen «Schau mal, der Vogel», dann ist noch sehr wenig über den individuellen Vogel gesagt, außer daß er zu sehen ist.

Verallgemeinerungen erlauben uns Verständigung über die Welt. Was für eine Sprache wäre das, mit der sich die Einmaligkeit aller Gegenstände und Vorgänge vollständig erfassen ließe. Verallgemeinerungen gewährleisten also die Beherrschbarkeit der Sprache und der Welt. Aber sie verzerren die Welt auch. Unsere Sprache und unsere Welt erschaffen sich gegenseitig. Das heißt, wir haben, abhängig davon, wie wir sie beschreiben, viele verschiedene Versionen von der Welt. Das erklärt, warum Augenzeugen das gleiche Ereignis verschieden darstellen. Gibt es die einzig wahre Darstellung? Nur wenn wir in der Lage wären, außerhalb unseres Menschseins zu stehen, und eine Sprache verwendeten, die unsere Erfahrungen, Vorurteile, Vorlieben und Abneigungen sowie Interessen nicht miteinschließt. Schlechthin unmöglich.

Es gibt noch eine weitere Methode, die Probleme der Verallgemeinerung und Typisierung anzugehen. Der Oxford-Professor Ludwig Wittgenstein, der wohl bekannteste Sprachphilosoph des 20. Jahrhunderts, erkannte, daß unsere Sprache für eine genaue Beschreibung der Objekte und Ereignisse in unserer Welt nicht ausreicht. Alles in der Welt, einschließlich unserer Beschreibungen, sei durch «Familienähnlichkeiten» gekennzeichnet, wie Wittgenstein es ausdrückte. Wir können die Ähnlichkeiten der Dinge erkennen, wie wir bei einer großen Familie eine Nase gleicher Größe und Form oder die gleiche Haarfarbe, Statur oder Augenform und -farbe zu sehen vermögen. Nicht jeder hat genau dieselben Merkmale, und weitentfernte Verwandte haben augenscheinlich gar keine mehr gemeinsam. Aber jeder einzelne hat zumindest ein Merkmal mit einem anderen gemeinsam. Oft erkennen wir so miteinander verwandte Personen.

Ganz offensichtlich geht eine große Menge Informationen über Personen und Gegenstände bei Verallgemeinerungen verloren. Manchmal spielt das auch gar keine Rolle. Wenn Ihr Chef sie bittet, noch einen Stuhl an den Konferenztisch zu stellen, dann werden Sie wohl kaum so antworten: «Was für einen Stuhl wünschen Sie? Einen Klappstuhl, einen Lehnstuhl, einen Holzstuhl, einen Schaukelstuhl, einen Lederstuhl, einen Antiquitätenstuhl, einen Drehstuhl?» Man erwartet, daß Sie Ihren gesunden Menschenverstand gebrauchen, den passenden Stuhl herbeizuschaffen.

Verallgemeinerungen können vernichtende Folgen haben, wie uns schon ein kurzer Blick auf die Nachrichten zeigt. Nordirland, der Nahe Osten, Jugoslawien, die frühere Sowjetunion, Deutschland, der Norden Afrikas, Südafrika, Los Angeles und New York sind nur eine kleine Auswahl für den Beleg, daß Menschen mit rassischen, religiösen, ethnischen, sprachlichen und kulturellen Verallgemeinerungen darin sogar die Rechtfertigung finden, einander zu töten.

Wir müssen zu Verallgemeinerungen greifen. Wir müssen aber auch vorsichtig mit ihnen umgehen, wenn sie Menschen betreffen. Bei tiefergehender Untersuchung stellt sich vielleicht heraus, daß sie nichts weiter als nützliche Fiktion sind, in dem Sinn, daß sie einer faktischen Überprüfung nicht standhalten. Falls wir glauben, daß unsere Verallgemeinerungen wahr sind, dann verlieren wir jene Flexibilität, die für erfolgreiche Kommunikation erforderlich ist.

Rose Knotts betont in einem Artikel über multikulturelles Management die Bedeutung von Flexibilität und Aufrichtigkeit in interkulturellen Situationen. Um Fehler und Mißverständnisse in interkulturellen Beziehungen zu vermeiden, müssen wir die Gewohnheiten und Verhaltensmuster in anderen Kulturen stärker beachten und tolerieren.

Niemand wird bestreiten, daß Flexibilität, Aufrichtigkeit und Toleranz sehr wichtige Eigenschaften von Leitern und Managern sind. Diese gründen jedoch auf die Interaktion zwischen Individuen, nicht zwischen Kulturen. Trotzdem gehören wir Kulturen an und haben eine geschlechtsspezifische Identität. Gewohnheiten und Verhaltensmuster einer Gruppe abstrakt zu sehen ist die eine Sache; warum Yasuko Shibayama, José Gonzales, Denzel Jones oder Elizabeth Brown so reden und handeln, wie es ihnen eigen ist, jedoch eine andere. Zuallererst müssen wir nämlich erkennen, daß Kommunikation eine Sache zwischen Individuen ist. Wenn Sie oder ich reden oder zuhören, lesen oder schreiben, dann ist es nicht unsere Gruppe, die das tut – sondern Sie und ich. Die Gruppenmerkmale, die in unserer Sprache und in unserem Verhalten in Erscheinung treten können, sind nicht von vornherein festgelegt. Was man über unsere

Gruppe sagen kann, muß nicht für uns als individuelle Mitglieder dieser Gruppe stimmen. Die am häufigsten diskutierten Gruppenverschiedenheiten betreffen das Geschlecht. Im nächsten Abschnitt geht es also um die Verallgemeinerungen von Frauen und Männern.

## Die Verallgemeinerungen zum Geschlecht hinter sich lassen

Die Erforschung der Unterschiede zwischen weiblicher und männlicher Sprache hat zu den Verallgemeinerungen der Unterschiede zwischen Frauen und Männern beigetragen. Die Kommunikationswissenschaftler Nancy Henley und Cheris Kramarae haben die Geschlechtsunterschiede im Sprachverhalten eingehend untersucht. Die gewissermaßen verschiedenen Sprachen beruhen sowohl auf naturgegebenen wie auch auf anerzogenen Unterschieden.

Die am meisten anerkannte Theorie der Unterschiede wird als die Theorie der zwei Kulturen bezeichnet. Sie besagt, daß das Problem der Mißverständnisse zwischen Männern und Frauen darauf beruht, daß diese in zwei verschiedenen Welten leben. Mädchen wachsen mit ganz anderen Erfahrungen als Jungen auf. Diese Erfahrungen sind geprägt durch ein weibliches Sozialverhalten, das auf Kooperation und Gleichheit ausgerichtet ist. Mädchen pflegen enge Freundschaften, in denen sie ihre Erfahrungen beim Erwachsenwerden austauschen. Sie entwickeln auf diese Weise eine Sensibilität für Beziehungen und soziale Situationen. Jungen dagegen erfahren eine Welt der Macht und Kontrolle. Sie streben danach, andere wie auch Situationen zu dominieren. Eine individuelle Identität aufzubauen und aufrechtzuerhalten ist ihr Ziel. Jungen streiten im Wettbewerb um Übereinstimmung. Mädchen lernen, die Sprache für die Aufrechterhaltung von sozialen Beziehungen einzusetzen. Jungen lernen, Sprache als Form verbaler Aggression zu verwenden. Diese unterschiedlichen Haltungen zur Umwelt zeigen sich schon bei Unterhaltungen. Als eine Folge dieser unterschiedlichen Erfahrungen verwenden Frauen und Männer Sprache auf so verschiedene Weise, daß Mißverständnisse unvermeidlich sind.

Diese Theorie hat ihre populärste Fassung in Deborah Tannens Buch «Du kannst mich einfach nicht verstehen: Gespräche zwischen Männern und Frauen» gefunden. Viele Frauen, die Tannens Buch gelesen haben, stimmen ihr vollkommen zu. Männer und Frauen stimmen überein, daß das Buch die Unterschiede sehr genau darstellt. Aber auch nachdem sie es gelesen haben, wissen sie nicht, wie sie mit diesen Unterschieden in ihrem eigenen Umgang mit dem anderen Geschlecht umgehen sollen.

Oft ist es auch schwierig, die Verallgemeinerungen über unsere Umwelt auf die eigene Erfahrung zu beziehen. Verallgemeinerungen können die Einzigartigkeit unserer Erfahrungen im Umgang mit anderen kaum enthalten, und das wird auch nie behauptet. Geschlechtsunterschiede können jedoch dabei eine Rolle spielen, wie ein bestimmter Gedanke zum Ausdruck gebracht wird. Was bedeuten etwa die biologischen Unterschiede, wenn Männer und Frauen miteinander sprechen? Da kommt es schon aufs Thema an. Einige Mißverständnisse zwischen den Geschlechtern können durchaus die Folge biologischer Unterschiede sein, nämlich wie diese die Lebenserfahrung prägen. Es gibt allerdings nur wenige Themen – Gebären, Krankheiten, Pubertät –, die diese biologischen Unterschiede direkt betreffen. Und die sozial geprägten Geschlechtsunterschiede sind nicht immer eindeutig und offensichtlich. Es ist sehr problematisch, alles auf die biologischen Unterschiede zwischen Männern und Frauen und auf deren Funktionen in der biologischen Reproduktion zurückzuführen. Die Beeinträchtigung klarer Kommunikation zwischen Männern und Frauen in konkreten Situationen hat nämlich eine ganze Reihe von Gründen.

Wenn Sie sich für Sport interessieren, dann wissen Sie vielleicht, daß Stella Walsh in den 30er und 40er Jahren die führende Sprinterin war. Sie wurde 1911 in Polen geboren, wanderte mit ihren Eltern kurz vor dem

Ersten Weltkrieg in die USA ein und ersetzte ihren Geburtsnamen Stanislowa Walasiewicz. Bei der Olympiade von 1932 in Los Angeles gewann sie die Goldmedaille im 100-Meter-Lauf und holte Silber in Berlin 1936.

Einer Nachricht der Associated Press zufolge, wurde sie am 9. Dezember 1980 in New Orleans bei einem bewaffneten Raubüberfall erschossen. Der Befund des Leichenbeschauers ergab, daß sie Genitalien hatte, die in der Medizin als «Mosaizismus» bekannt sind – das gleichzeitige Auftreten von männlichen und weiblichen Geschlechtsmerkmalen. Eine Chromosomenanalyse wies einen überwiegenden Anteil männlicher Chromosomen in ihren Zellen nach. War sie ein Mann oder eine Frau? Wenn sie eine Frau war, dann würde sie alle Medaillen und Rekorde behalten. Wenn sie ein Mann wäre, dann würden diese aberkannt. Wie würden Sie entscheiden? War sie männlich oder weiblich?

Vielleicht richten Sie sich danach, ob Stella Kinder geboren hat oder geboren haben könnte. Aber es gibt auch Frauen mit normalem Chromosomensatz, die keine Kinder bekommen können. Um die Sache noch weiter zu verwirren, könnte man auf die Fälle verweisen, in denen Frauen mit mehrheitlich männlichen Chromosomen Kinder gebaren. Außerdem gab es schon Fälle von vorpubertären Mädchen, die körperlich weiblich und hormonell männlich waren. Wie würden Sie die ansprechen? Als Frau oder als Mann? Würde das Wissen um den Chromosomensatz einen Unterschied machen?

Oder nehmen wir das Beispiel Allans, der sich auf einer Weihnachtsfeier mit einer sehr attraktiven Frau unterhielt. Sie war groß, hatte lange blonde Haare, eine ziemlich tiefe Stimme und einen wunderbaren Teint. Eine Weile später fragte Allans Freund Jacquie, ob er denn wüßte, mit wem er sich da unterhalten habe. Eigentlich nicht, sagte er, da er sie gerade erst kennengelernt hatte. Jacquie erzählte Allan, daß «sie» früher mal ein «er» war. Hätte Allan das vorher gewußt, wäre die Unterhaltung anders verlaufen? Es hätte sicherlich Unterschiede gegeben, aber sie wären die Folge einer hochkomplexen Interaktion, nicht die eines automatisierten

Drehbuchs, in dem steht, wie man mit Männern redet, die nach einer Geschlechtsumwandlung nun eine Frau sind.

In Filmen gab es schon viele wunderbare und unterhaltsame Szenen, die auf dem Geschlechterrollenspiel basierten. In «Manche mögen's heiß» geben Jack Lemmon und Tony Curtis vor, Musikerinnen zu sein. In «Victor Victoria» spielt Julie Andrews eine Frau, die vorgibt, ein Mann zu sein, der eine Frau spielt. In «Tootsie» spielt Dustin Hoffman sehr überzeugend eine Frau. Und in «Ein Käfig voller Narren» sind einige männliche Tänzerinnen genauso schön wie die weiblichen. Bis zum Ende, wenn die Männer ihre Perücken absetzen, wissen wir nicht, wer welchen Geschlechts ist.

Solche Zweideutigkeit wirft die interessante Frage auf, inwieweit die Erscheinung der Geschlechtsidentität ein zuverlässiges Indiz für einen gemeinsamen Kontext ist. Das Geschlecht können wir erst erkennen, wenn die Kleidung abgelegt ist. Und nicht einmal dann können wir absolut sicher sein. Da wir also niemals sicher sein können, müssen wir lernen, jede Interaktion für sich zu nehmen. Halten wir an den Stereotypen fest, wird klare Kommunikation nur schwer, wenn nicht unmöglich sein.

Wir können diese allgemeine Wahrnehmung der Unterschiede zwischen männlich und weiblich anwenden, wenn wir erkennen, daß die vielen Probleme mit Mißverständnissen zwischen Männern und Frauen die gleiche Grundlage haben wie alle anderen Mißverständnisse auch: die vielfachen Bedeutungsmöglichkeiten einer sprachlichen Äußerung und das Fehlen eines gemeinsamen Kontexts. Frauen und Männer mißverstehen sich aus den gleichen Gründen, weshalb Frauen Frauen und Männer Männer mißverstehen. Es liegt in der Natur der Sprache. Wir können zwar nachvollziehen, wie wir verstehen, was jemand zu uns sagt, aber ob es auch das ist, was dieser andere uns damit sagen will, muß erst noch festgestellt werden.

## Wenn ein Mißverständnis zur sexuellen Belästigung wird

Um die Probleme der Kommunikation zwischen Männern und Frauen, Mißverständnisse und Stereotypisierung von Geschlechtern zusammenzuführen, wollen wir einige Szenen aus dem wirklichen Leben untersuchen. Was sollen wir tun, wenn uns ein Kollege bei der Arbeit ständig belagert? Wie geben wir dieser Person zu verstehen, daß solche Beachtung unerwünscht ist? Sprechen Männer und Frauen dabei die gleiche Sprache? Sollten sie das?

Bei sexueller Belästigung kann es sich um einen bewußten verbalen und physischen Angriff handeln. Sie kann aber auch die Folge weniger böser Absichten und vielleicht auch mißlungener Kommunikation zum anderen Geschlecht sein. Millionen Amerikaner hingen an ihren Fernsehgeräten während der Senatsanhörungen zu Clarence Thomas' Nominierung für das Oberste Gericht. Die Rechtswissenschaftlerin Anita Hill, die zehn Jahre zuvor Mitarbeiterin von Thomas in Washington war, erhob gegen ihn den Vorwurf der Belästigung. Sie stellte Thomas als einen Vorgesetzten dar, der sie fortgesetzt zu Verabredungen drängte und in ihrer Gegenwart über Pornographie, Sodomie, Vergewaltigung und seine eigene Potenzkraft sprach. Um eine Verabredung zu bitten oder solche Themen zu erörtern, stellt an sich noch keine sexuelle Belästigung dar. Damit weiterzumachen, wenn die angesprochene Person ausdrückliches Desinteresse bekundet hat, kann sehr wohl eine solche sexuelle Belästigung sein.

In derartigen Situationen kann die Belästigung aus einem Mißverstehen erwachsen: Wir denken, wir drücken uns klar aus, werden aber nicht verstanden. Je nach Art des Gesprächs und seinem Kontext kann man entscheiden, ob das Mißverständnis wesentlich oder unwesentlich ist. Wenn ein Mann weiterhin gewisse stereotype Reden über Frauen führt und von einer Frau gesagt bekommt, daß sie das nicht zu hören wünsche, dann wird das Mißverständnis wesentlich.

Thomas hat kategorisch verneint, daß er jemals so etwas, wie von Hill behauptet, gesagt habe. Da alles mehr als zehn Jahre zurücklag, stand Aussage gegen Aussage. Der aus vierzehn Männern bestehende Senatsausschuß bestätigte die Berufung von Thomas. Einer «Newsweek»-Titelgeschichte über den Thomas-Hill-Fall folgte ein Artikel (von Kaplan, McDaniel und Anin) über sexuelle Belästigung, in dem folgendes Beispiel gegeben wurde: «He, was für tolle Beine!» zu jemanden zu sagen ist eine Belästigung; «Sie sehen heute sehr gut aus» dagegen nicht.

Ist «He, was für tolle Beine!» aber immer gleich eine sexuelle Belästigung? Es kommt darauf an. Es kommt auf den Kontext an – wer, was, wo, wann, warum, wie und in welchem Kontext sagt. Wird es eher witzig einer Bekannten im Badeanzug oder Shorts zugeworfen und sie antwortet «Deine sind auch nicht schlecht», dann ist klar, daß sie das nicht als Belästigung auffaßt. Wenn Sie es aber der neuen Personalchefin zurufen, die Sie bereits aufgefordert hat, Ihre Bemerkungen für sich zu behalten, dann sieht es anders aus.

Männer, die solche Bemerkungen zu Frauen machen, als ob Frauen Objekte wären und keine Individuen, verwenden sexuelle Stereotypen, um sich auf ihre Weise in der Welt zurechtzufinden. Egal, ob sie der Meinung sind, es handle sich dabei um Komplimente: Sind diese Bemerkungen nicht erwünscht, dann stellen sie eine sexuelle Belästigung dar. Daß einige Frauen es mögen, angeschaut und in manchen Situationen bewundert zu werden, bedeutet noch lange nicht, daß alle Frauen das mögen oder daß Frauen, die es manchmal zu schätzen wissen, immer und überall solche Aufmerksamkeit behagt. Der Ärger wird nicht ausbleiben, wenn man den besonderen Kontext für solche Äußerungen außer acht läßt.

Jede neue Situation erfordert eine sensible Erkundung unseres Gegenübers. Wir können uns dem jeweils anderen Geschlecht gegenüber nicht so verhalten, als ob die augenscheinliche Geschlechtsidentität uns schon alles verrät, was wir über diese Person wissen müssen. Jeder und jede muß als individuell gesehen werden und nicht als Stellvertreter(in) des jeweiligen Geschlechts.

Je mehr wir über andere wissen, desto mehr werden sich Verallgemeinerungen erübrigen. Je enger die Bekanntschaft, desto komplexer, aber auch komplizierter. Es ist bekanntlich schwerer, einen engen Freund zu beschreiben als jemanden, den man nur flüchtig kennt. Wir alle haben eine persönliche Identität, die im Alltag weit über unserer Geschlechtsidentität steht.

Stereotypen machen uns zu Objekten. Sie nehmen uns unser wirkliches Wesen. Bei einem Geschäft wird niemand als Kundenstereotyp behandelt werden wollen. Die Leute wollen statt dessen, daß man mit ihnen ein Gespräch führt, das ihre Individualität achtet. Jeder, der das zu berücksichtigen weiß, kennt somit eines der Erfolgsgeheimnisse.

## Wie man Ungewißheit behandelt

Bei der Kommunikation mit Leuten anderer Herkunft gibt es die gleichen Grundprobleme wie bei der Kommunikation mit der gleichen. Wir wissen nie genug über den Verstehenskontext unserer Partner: ihr Denken, ihre Motivationen, ihre Absichten und Interessen. Es handelt sich in der Kommunikation dabei um das Problem der Ungewißheit.

Wir müssen Ungewißheit bei Gesprächen ebenso wie all die anderen Ungewißheiten des Lebens beherrschen. Jeden Tag begegnen wir vielen unvorhergesehenen Problemen. Wird diese Bestellung rechtzeitig eingehen? Kriege ich Ärger, wenn die Vertragsverhandlungen nicht klappen? Wie wird der Markt in sechs Monaten aussehen? All diese Probleme sind nicht unsere Schuld. Sie sind normal im Leben. Wir leben in einer Welt, in der wir von den Handlungen und Entscheidungen anderer betroffen sind, die wir selbst aber kaum oder gar nicht beeinflussen können.

Wenn wir mit Leuten aus anderen Kulturen kommunizieren, dann sind die dabei auftretenden Schwierigkeiten ganz normale Probleme, nur eben verdichtet. Wir denken, daß wir weniger über sie wüßten als über Menschen unserer eigenen Kultur. Das ändert jedoch nichts an dem grundsätzlichen Problem der Kommunikation. Mißverständnisse sind ungeachtet der kulturellen Identität unserer Kollegen normal. Wir verstehen einander, indem wir uns auf den zur Verfügung stehenden Kontext beziehen. Und das bringt immer viele Ungewißheiten mit sich.

Klare Kommunikation mit Leuten verschiedener Herkunft bedeutet also, nicht soviel als selbstverständlich vorauszusetzen. Das offenbart den Zusammenhang, daß Leute einander nur verstehen, wenn sie einen gemeinsamen Kontext für die Interpretation haben. Wenn Sie nicht sicher sind, daß Ihr Gegenüber den gleichen Kontext hat, dann müssen Sie ihn verdeutlichen, indem Sie Formulierungen, Fragen, Beispiele und Geschichten verwenden oder das, was der andere gesagt hat, in Ihren eigenen Worten wiederholen.

## «Gleich und gleich gesellt sich gern» oder «Jedem das Seine»

Wir haben alle unsere Redensarten, Sprüche und Maximen, die uns im täglichen Leben dabei helfen, die richtige Entscheidung zu treffen oder eine Situation besser zu verstehen. Im Geschäft heißt es «Der Kunde ist König» oder beim Handel etwa «Wer zuerst kommt, mahlt zuerst». Wir haben diese Sprüche aufgrund eigener Erfahrung, manchmal von einem Lieblingsvorbild oder aus einem Buch übernommen. Unsere Interpretation dieser Sprüche leitet uns bei vielen Aspekten unseres Berufslebens.

Eine besonders nützliche Maxime lautet in der englischsprachigen Welt «Gleiche soll man gleichrangig behandeln und Ungleiche ungleichrangig», was von R. S. Peters als Prinzip der verteilten Gerechtigkeit erklärt wird und im Deutschen der belasteten und entstellten Formel «Jedem das Seine» nahekommt. Um zu wissen, wie wir uns zu anderen verhalten, müssen wir entscheiden, ob sie gleich oder verschieden von uns sind. Das bedeutet nicht, daß ein Mensch oder eine Gruppe anderen überlegen ist, sondern lediglich, daß wir manchmal aus praktischen Gründen darauf angewiesen sind, zu entscheiden, ob Leute gleich oder ungleich sind. Genau das veranlaßt uns, mit dem nötigen Einsatz zu Personen des anderen Geschlechts oder anderer Kulturen zu reden. Wir können eben nicht davon ausgehen, daß alle Schwarzen, Frauen, Männer, Latinos oder die irgendeiner anderen Gruppe den gleichen Kontext wie wir haben. Jedesmal, wenn wir jemandem begegnen, müssen wir die Bedingungen des Gesprächs erst herausfinden, indem wir bei unserem Gegenüber den Kontext des Verstehens entdecken. Dieses Entdecken schließt die Schaffung des Kontexts im und durch das Gespräch selbst ein.

Gewiß gibt es bedeutende Unterschiede zwischen den Kulturen, die auf verschiedenen Bräuchen und Werten beruhen. Das Problem ist, zu erkennen, wann diese Unterschiede relevant sind und wann und wie mit ihnen umgegangen wird.

Kommen wir noch einmal auf Solomons Artikel im «Wall Street Journal» zurück, wo ein beispielhafter Fall beschrieben wird. Er veranschaulicht das Problem der kulturellen Stereotypisierung, die darin besteht, daß alle Vertreter derselben kulturellen oder ethnischen Identität angeblich den gleichen Verstehenskontext haben sollen.

Ein Lehrfilm über kulturelle Unterschiede wird in einer texanischen Fabrik gezeigt. In ihm ist eine Indianerin zu sehen, die in einer Elektronikfirma arbeitet. Ihr Vorgesetzter erkennt, daß sie ihre Arbeitsweise selbständig verbessert hat. Er ignoriert ihre Einwände und ruft den anderen Angestellten zu: «He, schaut mal her, so wird es gemacht!» Die Botschaft des Films ist, daß die indianischen Wertvorstellungen von Gruppenharmonie und Zusammenhalt verletzt werden, wenn diese Arbeiterin auf diese Weise einzeln herausgestellt wird. Der Vorgesetzte hat so dem Ansehen der indianischen Frau geschadet. In der nächsten Szene des Films hat er gelernt. Er respektiert nun die indianische Kultur und bietet der Arbeiterin einen entsprechenden Brief für die Personalakte an.

Wie Solomon berichtet, war eine der indianischen Arbeiterinnen, denen der Film gezeigt wurde, verärgert über seine Botschaft. Sie entrüstete sich: «Ich weiß nicht, von welchem Stamm diese Frau ist, vielleicht ist sie eine Navaho, ich aber bin Cherokesin, und ich möchte öffentliche Anerkennung wie alle anderen auch.» Die falsche Annahme, daß alle Indianer die gleiche Haltung gegenüber öffentlicher Anerkennung hätten, war ein Mißverständnis. Solomon faßt zusammen: «Egal, wieviel wir über andere Kulturen lernen, wir müssen uns der Unterschiede (innerhalb der Kulturen) persönlicher Auffassungen und Vorlieben stets bewußt sein.» Die Bedürfnisse und Reaktionen einzelner bedeuten keine gleichartige Ausprägung einer ganzen Kultur. Tatsache ist: «Die Frau, die nur im stillen gelobt werden will» kann genausogut «eine blonde Kalifornierin sein, die eben sehr zurückhaltend ist».

Ein anderes Beispiel verdeutlicht noch einmal das Problem, interkulturelle Verschiedenheit als bedeutsamen Kontext zu erkennen. Eine Asiatin bewirbt sich um eine Stelle in den USA und schaut während des Bewerbungsgesprächs immer wieder nach unten und nie in die Augen des Personalleiters. Bringt sie seiner Autorität auf diese Weise die von der asiatischen Kultur gebotene Hochachtung zum Ausdruck? Der Personalleiter könnte den Eindruck gewinnen, diese Frau sei nicht entschlossen genug, habe etwas zu verbergen oder sei unsicher. Die Asiatin dagegen mag den suchenden Blick des Personalleiters als dominant und aggressiv deuten.

Was hätte ich an Stelle des Interviewers davon, das Verhalten dieser Frau als typisch asiatisch zu interpretieren? Gehen wir mal davon aus, es stimmt, daß sie dem Blick ausweicht, weil sie so erzogen wurde. Daran kann ich nichts ändern, selbst wenn ich wollte. Meine Aufgabe ist, herauszufinden, ob sie für die Tätigkeit geeignet ist. Ist die Arbeit so beschaffen, daß man einfach mit anderen zusammenarbeitet, dann spielt der Augenaufschlag dabei wohl keine Rolle. Erfordert die Arbeit jedoch festen Blickkontakt, so würde ich sie nicht einstellen. Es wäre falsch, aus diesem Fall den Schluß zu ziehen, daß alle asiatischen Frauen den Blickkontakt vermeiden.

Manchmal scheint es, daß wir unsere kulturellen und geschlechtsspezifischen Identitäten wie ein Kleidungsstück sichtbar tragen. Aber selbst wenn wir vom selben Stamm oder von derselben Familie sind, werden wir uns nicht auf dieselbe Weise ausdrücken, dieselben Gedanken haben oder dieselben Dinge tun. Und wir spielen auch nicht eine kulturelle oder eine Geschlechtsidentität, so, wie Schauspieler ihre Rollen spielen.

Vor kurzem versuchte ich den Streit zweier Kollegen zu schlichten, die gemeinsam an einem Buch arbeiteten. Sie waren sich wegen der Bedeutsamkeit ihrer Anteile an dem Buch in die Haare gekommen, und der Streit stellte das ganze Vorhaben nun sogar in Frage, obwohl schon ein Vertrag mit einem Verlag unterschrieben war. Als Leiter einer Forschungsgruppe, die von diesem Buch sowohl finanziell als auch wissenschaftlich profitieren würde, hatte ich natürlich ein handfestes Interesse, in diesem Streit zu vermitteln. Ich sprach mit jedem einzeln und brachte sie dazu, wieder miteinander zu reden. Schließlich verständigten sie sich immerhin so weit, daß sie sich darauf einigten, ungeachtet der Meinungsverschiedenheiten, zusammen weiterzumachen. Das wurde erst durch Gespräche möglich. Ich mußte auf jeden mit Verhandlungsgeschick eingehen, die unterschiedliche Herkunft hat in diesem Fall jedoch keine Rolle gespielt. Der eine war Kanadier, der andere aus Südafrika, und ich bin Amerikaner. Brauchte ich dabei den speziellen Horizont unserer Herkunftskulturen? Das weiß ich nicht. Ich kann nur sagen, daß er dabei keine Rolle gespielt hat.

Auf jeden Fall sagte ich nicht zu mir: «Ich muß mich mal mit Kanada und Südafrika befassen, dann kriege ich das vielleicht hin.» Statt dessen habe ich aus meinen Erfahrungen im Umgang mit ihnen geschöpft, denn ich kannte beide schon mehr als zehn Jahre. Außerdem konnte ich auf mein Wissen über Mißverständnisse zurückgreifen. Und ich setzte meinen gesunden Menschenverstand ein (der natürlich bei jedem etwas anders funktionieren kann). Es hat geklappt – und das Buch wurde fertig.

Gehen wir noch mal zurück zu dem Beispiel der Indianerin. Müssen wir wirklich über andere Kulturen soviel wissen, um richtig kommunizieren zu können? Wir sollten zumindest die gleiche Sprache sprechen (obwohl in einigen Fällen nicht einmal das nötig ist). Aber müssen wir tatsächlich Experten der multikulturellen Interaktion sein? Es kommt vor, daß der kulturelle Hintergrund von so großer Bedeutung ist, daß wir uns auf ihn beziehen müssen. Aber dies ergibt sich erst aus der Situation und daraus, wie wir sie einschätzen. Einige Experten der kulturellen Differenzen sind selbst bei Leuten der eigenen Herkunftskultur eher klägliche Gesprächspartner.

Verallgemeinerungen sind notwendig. Wie wir andere verallgemeinern, hängt in starkem Maße von unserer Erfahrung und unserem Blickwinkel ab. Wir müssen jedenfalls erkennen, was uns dabei verlorengeht. Je häufiger und gröber wir verallgemeinern, desto größer ist die Gefahr fortgesetzter Mißverständnisse.

## Zusammenfassung

Rede und Gespräch können allein weder die Ursache noch die Lösung für Mißverständnisse sein, die auf Stereotypisierung von Mitmenschen in der Arbeitswelt zurückzuführen sind, obwohl Stereotypen zumeist nur sprachlich zum Ausdruck kommen. Stereotypisierung bedeutet, daß alle Mitglieder einer identifizierbaren Gruppe den gleichen Verstehenskontext haben. Es kann so sein, muß aber nicht. Kommunikation funktioniert nur dann, wenn wir einen gemeinsamen Kontext des Verstehens in jeder neuen Situation ausdrücklich absichern. Selbst wenn alle die gleiche Sprache sprechen, wird sie individuell verschieden gebraucht und verstanden.
Mißverständnisse sind immer sprachliche Mißverständnisse, egal, wer der Sprecher und wer der Hörer ist. Prägen Sie sich diese Punkte gut ein:

- Kulturelle und Geschlechtsidentitäten verraten uns, was Leute gemeinsam haben können, nicht jedoch ihre tatsächlichen Eigenschaften.
- Die Unterschiede innerhalb einer Gruppe sind normalerweise größer als die zwischen verschiedenen Gruppen.
- Gemeinsamer Kontext ist nicht selbstverständlich.
- Ein gemeinsamer Kontext kann durch Gespräche hergestellt werden.
- Wenn Verstehen absolut wichtig ist, dann ist strategische Rede genauso wichtig.

Mit anderen Worten, verlassen Sie sich im alltäglichen Umgang nicht auf die gängigen Stereotypen, die über andere, egal, ob auf Herkunft oder Geschlecht bezogen, im Umlauf sind. Vergessen Sie diese unschönen Etikettierungen. Behandeln Sie Ihr Gegenüber als Individuum. Erinnern Sie sich, was Sie über den anderen wissen. Beachten Sie, was der oder die andere weiß oder nicht weiß. Machen Sie sich verständlich, indem Sie den Kontext Ihrer Gedanken ausdrücklich erläutern. Hören Sie gut zu, und verstehen Sie nur, was auch gesagt wird. Wenn Sie etwas nicht verstehen, versuchen Sie es nicht mit Gedankenlesen. Sagen Sie es, wenn Sie etwas nicht verstehen. Fragen Sie zurück oder nach. Sagen Sie es in Ihren eigenen Worten, und fragen Sie, ob das so gemeint war.

Glauben Sie nicht, daß Sie jemanden schon kennen würden, bloß weil bekannt ist, was «diese Leute» immer sagen oder was als typische Antwort von ihnen gilt. Selbst wenn Sie glauben, daß das bei einer bestimmten Person zutrifft, bemühen Sie sich, davon wegzukommen. An Stereotypen denken wird nie Verständigungsprobleme lösen helfen, sondern nur noch mehr verursachen. Konzentrieren Sie sich vielmehr darauf, einen gemeinsamen Kontext des Verstehens zu entdecken und zu entwickeln. Das verlangt eine Menge, ist es aber wert.

## Checkliste zweiter Teil

- Beachten Sie, daß Vorschriften, Anweisungen und Regeln immer einer Interpretation unterzogen werden müssen.
- Rechnen Sie mit dem Auftreten von Mißverständnissen, wenn Leute von innerhalb und von außerhalb Ihres Arbeitsbereiches miteinander kommunizieren, denn sie haben einen unterschiedlichen Kontext.
- Gehen Sie davon aus, daß Verhandlungspartner sich so lange nicht klar verstehen, wie sie es nicht ausdrücklich bekunden.
- Wenn Beziehungen untereinander und Bedingungen der Arbeit sich langfristig verändert haben, müssen Gespräche von Angesicht zu Ange-

sicht darüber geführt werden: Was hat sich verändert, wie soll es weitergehen?

- Verlassen Sie sich nicht auf Meinungsumfragen und Fragebögen, um Ihre Kunden und deren Wünsche zu kennen. Auch hier ist ein gemeinsamer Kontext von Bedeutung, und der kann durch strategische Rede erreicht werden.
- Beachten Sie, daß sowohl mündliche als auch schriftliche Kommunikation den Problemen der Mehrdeutigkeit und der Interpretation unterliegen. Der wirkungsvollste Schriftverkehr ist interaktiv.
- Je wichtiger ein Dokument, desto wichtiger auch, daß sein Verfasser und die Adressaten, die es verstehen und danach handeln sollen, zusammen darüber diskutieren.
- Verwenden Sie bei Tätigkeitsbeschreibungen und Leistungsbewertungen konkrete Beispiele, die zeigen, was auf dieser Position erwartet wird. Verknüpfen Sie die schriftliche Tätigkeitsbeschreibung mit der Leistungsbewertung, und überarbeiten Sie die Beschreibungen regelmäßig.
- Beachten Sie, daß Gruppen- und Geschlechtsidentitäten, obwohl sie wichtige Aspekte des Kontexts sein können, nicht automatisch bedeutsam sind. Das Denken in Stereotypen (über Herkunft und Geschlecht) kann zu Mißverständnissen führen, da der Kontext grob vereinfacht wird. So sehr Verallgemeinerungen sprachliche Kommunikation überhaupt erst ermöglichen, so groß ist auch die Gefahr der Wirklichkeitsverzerrung durch sie.
- Gehen Sie niemals von einem gemeinsamen Kontext aus – nicht beim gleichen Geschlecht und auch nicht bei der eigenen Gruppe. Verständigen Sie sich mit anderen als Individuen, nicht als Gruppenvertreter.

Sehen Sie gemeinsamen Kontext bei der Kommunikation mit Leuten verschiedener Herkunft als weniger selbstverständlich an. Erkennen Sie, ob diese Leute gleichartig oder verschieden sind, um nach dem Prinzip gerechter Gleichbehandlung handeln zu können.

Dritter Teil

# Was Ihre Firma tun kann

Sechstes Kapitel

# Wie man eine Kultur des Verstehens einführt

Wenn wir Mißverständnisse verstehen, dann wissen wir, daß wir jeden dazu bringen müssen, darüber zu reden, was er nicht versteht. Theoretisch klingt das nicht allzu kompliziert. In Wirklichkeit bedeutet es Anstrengung und Übung. Wo Beschäftigung und Lebensunterhalt auf dem Spiel stehen sowie Macht und Kontrolle von Bedeutung sind, können die mentalen Umstellungen auf die Anforderungen strategischer Rede regelrecht einschüchternd wirken.

Macht und Kontrolle sind Mittel zur Verwirklichung von Zielen überall in der Arbeitswelt. Unterstützen sie Effizienz und Effektivität, so tragen sie zur Arbeitserleichterung bei. Verhindern Sie jedoch die kritische Diskussion, weil wir Angst haben, unseren Mund aufzumachen, dann müssen wir ihren Einsatz überprüfen. Da gibt es eine ganze Skala von Möglichkeiten. An einem Ende finden wir, was in den meisten Bereichen als normal gilt: Nur zögerlich hält man Rücksprache und nur dann, wenn man sich in kritischen Momenten sicher ist, daß der andere nicht verstanden hat, oder wenn man sich Fehler einfach nicht erlauben kann und eine Atmosphäre des Vertrauens herrscht, in der eine Frage nicht gleich als dumme Frage peinlich sein muß. Verhängnisvoll ist, daß dabei viele wirklich kritische Fälle nicht mit den Mitteln strategischer Rede geklärt werden. Am anderen Ende dieser Skala ist eine Arbeitskultur zu finden, in der von jedem einfach erwartet wird, auf mangelndes Verstehen sofort zu reagieren. In diesen Bereichen liegt die Verantwortlichkeit des Einsatzes strategischer Rede sowohl beim Sprecher als auch beim Hörer.

Das Problem von Mißverständnissen liegt oft gar nicht auf der Ebene des Individuellen, sondern vielmehr im allgemeinen Führungsstil und Arbeitsklima begründet – wie eben Macht und Kontrolle ausgeübt werden.

Dafür müssen neue Wege einer Kommunikationskultur gefunden werden, die das individuelle Bemühen um gemeinsamen Kontext und Interpretation befruchten.

## Als Führungskraft Gespräche ermöglichen

In vielen Organisationen gibt es Themen und Anliegen, von denen die Leute glauben, sie könnten nie mit ihren Vorgesetzten darüber sprechen. Sie scheuen sich davor, zeigen zu müssen, daß sie etwas nicht oder nicht richtig verstanden haben, weil sie für diese Unkenntnis negative Folgen fürchten. In der Annahme, daß Wörter normalerweise klar und eindeutig sind, haben sie Angst, daß es ihre Schuld wäre, wenn sie etwas nicht richtig verstehen. Diese Angst behindert gelungene Kommunikation. Um diese geschriebenen und ungeschriebenen Gesetze zu überwinden, die Leute am Reden hindern, brauchen wir das Engagement derjenigen, denen kraft ihrer Position die Ermutigung freier und einfacher Kommunikation möglich ist.

Betrachten wir das Beispiel von Fedmet Inc., einem Hersteller in der Stahlbranche mit mehr als 56 Niederlassungen in den USA und Kanada. Bruce Little berichtet (am 1. September 1992), daß die Firma ihre Mitarbeiter auf «Haltet nicht hinter dem Berg»-Meetings dazu ermutigt, sich auszusprechen. Das Management selbst spricht dabei weniger, sondern hört zu. Der Präsident ist entzückt über das «Chaos in seiner Firma», weil er glaubt, daß die Arbeiter zur Eigenmotivation und Selbstanleitung angeregt werden.

Diese neue Form des Gesprächs führt dazu, daß Arbeiter und Manager ungeachtet der Stellung in Teams zusammenkommen und Informationen austauschen. Dennoch hat die Organisation der Firma eine Struktur, und es ist deren Flexibilität, die dieses neue Lernen und Arbeiten ermöglicht. Problemlösungen werden im Team erarbeitet, indem Leute zusammen arbeiten und miteinander reden.

Wie kam dieser Wechsel zustande? Dem Präsidenten Wayne Mang kam die Idee während eines Fluges zu einem Meeting von Managern und Arbeitern, wo er den Zustand der Firma schildern sollte. Anstatt selbst darüber zu referieren, brachte er die anderen dazu, über ihre Sicht in bezug auf die Firma und ihre Aufgaben zu sprechen. Schließlich kam es in allen Niederlassungen zu einer ganzen Serie von Meetings mit allen Angestellten, auf denen jeder ohne Angst vor Repressalien frei reden konnte.

Der Status quo, so der Direktor, wird auf solchen Meetings freilich unterminiert, und «oft dauert es mehrere Wochen, bis er wiederhergestellt ist». Diese Aussage unterstreicht den Vorteil dieser Methode. Sie zwingt die Leute zum Risiko, in dem sie sich dann selbst bewähren. Sie verursacht Streß, von dem alle lernen und profitieren.

Tatsächlich haben sich die Produktivität und die Arbeitsmoral infolge dieser Meetings und der von ihnen ausgehenden Anstöße spürbar verbessert. Die Arbeiter verringerten die Vorbereitungszeiten, verbesserten das Reagieren auf Kunden und intensivierten die Wartung, um Ausfallzeiten zu minimieren. Die Produktion stieg allein in einem Monat um 50 Prozent. Pünktliche Auslieferung, die 1991 bei nur 58 Prozent lag, stieg 1992 auf 90 Prozent und im Juni 1993 sogar auf 94 Prozent. Der Absatz stieg im ersten Quartal 1993 um 9 Prozent in den USA und um 5 Prozent in Kanada. Die Gewinne in diesem Quartal waren höher als im gesamten Vorjahr. Legt man die allgemeine Lage der Wirtschaft zugrunde, so Little in einem weiteren Artikel (16. Juni 1993), sind diese Zahlen sensationell.

Diese Firma ließ also die Macht der Rede zum Eindämmen hierarchischer Strukturen zu, so daß jeder seine Meinung kundtun konnte und Informationen zum Wohle der Firma als Ganzes austauschte. Diese neue Arbeitsweise ermöglichte auch das Arbeitsgespräch auf neue Weise. Und jeder hatte etwas davon.

Firmen müssen sich öffnen für diese Art Gesprächskultur, auch wenn es kurzfristig nach Zerrüttung aussieht. Langfristig gibt es jedoch nichts Besseres, um Verstehen abzusichern.

## Die Notwendigkeit klarer Kommunikation verstehen

Egal, ob wir Routineaufgaben erledigen, wie Anrufe entgegennehmen und notieren, oder einer Firmenphilosophie zum Ausdruck verhelfen, Mißverständnisse sind dabei immer möglich, und wir müssen wissen, wie sie zu vermeiden sind. Die Managerin einer Firma für Satellitenempfänger wurde vor einiger Zeit mit diesen Anforderungen konfrontiert. Über Monate hatte sie erfolglos versucht, ihrer Verkaufsabteilung beizubringen, daß ein wesentlich verbesserter Kundendienst der wichtigste Teil ihrer Kampagne zur Rückgewinnung der Marktanteile sei. Beschwerden über schlechten, ineffizienten und kostspieligen Service waren der Beweis für ernsthafte Kommunikationsprobleme – ein Zustand, der bei einer Firma für Kommunikationstechnik der Ironie nicht entbehrt. Ihr Problem war, daß die Leiter im Kundendienst ihre Vorstellung von schneller, effektiver und effizienter Bearbeitung der Servicewünsche gar nicht begriffen. Frustriert kam sie zu mir mit der folgenden Frage: «Was muß ich tun, um mich vollkommen klar auszudrücken?» Meine Antwort beruhte natürlich auf dem Wissen um gemeinsames Verstehen: «Sie müssen mit den Leuten in der Service-Abteilung Gespräche führen, damit diese einen Kontext zur Interpretation Ihrer Vorstellungen haben. Sie müssen mit jedem Beteiligten reden: was die Firma macht und was sie nun machen soll. Sie können dabei streiten oder harmonisieren, flüstern und schreien – bis der Groschen fällt. So lange, bis jeder die Position des anderen kennt. Dann können Sie auf der Grundlage dieses gemeinsamen Verstehens Ihre Vorstellungen erläutern. Sind diese für die Firma lebenswichtig, dürfen Sie nicht zögern, auch bis zur Erschöpfung weiterzuargumentieren.»

Damit Gespräche unsere Arbeit effektiv verbessern, müssen wir der offenen Kommunikation Priorität gewähren. Die Gefahren geschlossener, hierarchisierter Kommunikationsverhältnisse werden in einer anderen Geschichte deutlich, die im Kern aber viele Firmen betrifft. Edwin, langjähriger Angestellter einer großen Fluggesellschaft, war ein hervorragender Arbeiter im Wartungsdienst, so daß er zu einem leitenden Angestellten befördert wurde. Mit seiner Erfahrung als Werkstattmeister brachte er viele gute Ideen zur Kosteneinsparung bei der Wartung auf allen Flughäfen des Landes ein. Obwohl er diese Ideen mit seinem unmittelbaren Vorgesetzten diskutierte, bekam er nie eine Reaktion aus der Zentrale. Als immer schlimmer werdend empfand er seine Lage, hilflos der Verschwendung und Ineffizienz zusehen zu müssen, aber er fühlte sich machtlos, daran etwas zu ändern. Er war gar nicht an seiner Beförderung interessiert, sondern am Wohl der Firma. Nachdem er zwei Jahre diesen Job gemacht hatte, ohne die geringste Chance, mit den Führungskräften über seine Ideen zu sprechen, bewarb Edwin sich woanders. Erst bei seiner Verabschiedung stellte sich heraus, daß die Firma doch an seinen Ideen interessiert war. Man war von seiner Beschwerde, wie schwierig die Kommunikation seiner Ideen gewesen sei, überrascht, denn man glaubte, eine offene Kommunikation zu haben.

Viele große Firmen tun sich schwer damit, dem, was die Angestellten über ihre Arbeit und deren Organisation denken und empfinden, hohe Bedeutung beizumessen. Ist etwas wichtig, müssen wir es geradezu buchstabieren. Aber auch dafür muß es in der Struktur einer Organisation erst den geeigneten Ort geben. Erfolgreiche Firmen schaffen eine Kommunikationskultur, die Möglichkeiten für Gespräche auf und zwischen allen Ebenen ermöglicht.

Zum anderen hat das natürlich auch seine Grenzen. Normalerweise müssen wir nicht alles und jeden genau verstehen. Wir müssen keinesfalls immer darauf drängen, daß jeder sich in jedem Gespräch kristallklar ausdrückt. Würden wir das tun, hielten die anderen uns für verrückt.

Nehmen wir an, daß Ihr Direktor Ihnen eine Liste mit Namen und Telefonnummern gefaxt hat, damit Sie diese Personen an das monatliche Arbeitsessen erinnern. Wenn Sie diese Arbeit weitergeben wollen, was müssen Sie dann dazu sagen? Ihre Erklärung kann einfach sein: «Ich bin hier von der Forschungsabteilung und wurde gebeten, die Leute auf dieser Liste an das Arbeitsessen am nächsten Dienstag zu erinnern. Würden Sie bitte diese Kollegen in meinem Namen telefonisch benachrichtigen?» Der Beauftragte ist einverstanden, und Sie geben ihm noch ein paar Details zum Thema des Vortrags und die Liste mit den zu Benachrichtigenden. Sie würden wohl keine allzu ausführlichen Rückfragen erwarten. Solche Details, wie, wann und in wessen Namen genau anzurufen ist, was mitgeteilt wird und ob es angemessen ist, mit der jeweiligen Person persönlich zu sprechen oder ihr einfach eine Nachricht zu hinterlassen, erübrigen sich für eine weitere Erörterung. Sie können davon ausgehen, daß der Beauftragte das weiß. Und in diesem Rahmen wäre es auch keine Katastrophe, wenn jemand diese Nachricht nicht, zu spät oder irgendwie verdreht erhielte.

Nehmen wir dagegen das Beispiel, daß Sie ein Meeting arrangieren wollen, welches Ihre Mitarbeiter und die Direktoren der Firma zusammenführt, die Sie zu übernehmen gedenken. Der zeitliche Rahmen ist sehr eng, und die Verkäufer sind auch nicht gerade hochmotiviert für den Verkauf. Unter diesen Umständen würden Sie die Benachrichtigung sehr sorgfältig handhaben; jeder muß die Nachricht persönlich entgegennehmen, Anrufbeantworter und Dritte sind auszuschließen. Unter diesen Umständen müssen Sie Ihre Anweisung zur Benachrichtigung mit äußerster Präzision geben, um eine akkurate Ausführung zu gewährleisten und die angestrebte Übernahme nicht zu gefährden.

Es kommt also zur Entwicklung einer Verstehenskultur für jeden Beteiligten auf die angemessene Anwendung strategischer Rede an. Anstrengungen und Energien müssen gebündelt werden, damit gewährleistet ist, daß andere unsere Ziele, Ansprüche, Visionen und Motivationen so verstehen, wie wir es beabsichtigen. Gespräche sind der beste Weg zu ihrer gemeinsamen Interpretation. Wir können eine Atmosphäre des Vertrauens herstellen, indem wir die gleiche Aufmerksamkeit und Offenheit, in der wir mit unseren Freunden reden und ihnen zuhören, anderen bei der Arbeit entgegenbringen. Zuallererst müssen wir uns zu eigen machen, dem, was der andere sagt, immer ein unvoreingenommenes Interesse entgegenzubringen – ohne dabei offen zu urteilen und zu werten. Ohne Ängste gibt es auch eine offene Gesprächsbereitschaft. Was kann außer dieser individuellen Haltung noch für das Erreichen einer klaren Kommunikation getan werden?

Man kann Regelungen einführen, die das angemessene Erkennen von wichtigen Botschaften im Arbeitsalltag gewährleisten. Regelungen, die offene und klare Kommunikation in einer geeigneten Struktur unterstützen, sind wichtig. Und davon hängt auch die Seriosität des Betriebs ab.

## Regelungen und Strukturen, die eine klare Kommunikation gewährleisten

Selbst der beste Manager kann nicht immer alles selbst managen: zu einem großen Teil müssen Firmen und Organisationen sich «selbst steuern». Dieser Prozeß muß harmonieren, sonst droht der Firma der Zusammenbruch. Jeder muß auch ohne andauernde Kontrolle seinen Platz und seine Aufgaben kennen.

Soll die Arbeit der Firma ohne permanentes Management laufen, müssen wir erkennen, daß klare Kommunikation nichts Selbstverständliches ist. Und wir müssen akzeptieren, daß jeder die Welt auf seine Weise wahrnimmt. Gegenstände, Ideen und Ereignisse haben nicht für jeden die gleiche Bedeutung, auch nicht für jene, die wir gut kennen oder mit denen wir schon eine ganze Zeit zusammengearbeitet haben. Wir müssen mit Mißverständnissen rechnen und diese zu vermeiden versuchen, indem wir Strukturen schaffen, die nach einer Kommunikation in zwei Richtungen verlangen. Ein Ansatz ist, Regelungen zu etablieren, die Kommunikation auf und zwischen allen Ebenen erleichtern.

### *Regelungen*

Wir können Maßnahmen ergreifen, um entsprechende Arbeitsziele zu setzen sowie Personal und Arbeitsabläufe für eine klare Kommunikation zu strukturieren. Diese Maßnahmen sind nur der Anfang, denn die Schaffung einer Kultur, deren Regelungen und Strukturen klare Kommunikation zum Inhalt hat, ist eine immerwährende Aufgabe. In den folgenden Abschnitten beschreiben wir einige der Regelungen – vom Erweitern der Kommunikationsstrukturen bis zur Entwicklung von bestimmten Kommunikationsfähigkeiten, die zur Unterstützung klarer Kommunikation verankert werden können.

Erweitern der Kommunikationsstrukturen. Gemeinsame Interpretation ist nicht von allein gegeben; wir müssen daran arbeiten. Dennoch kennen nur wenige Firmen Regelungen, die für klare Kommunikation, intern oder mit Kunden, aktive Anleitung bieten.

Mißverständnisse zwischen einer Firma und ihren Kunden passieren häufig, weil den Kunden keine Regelungen für die Kommunikation über Probleme mit Produkten und anderen Leistungen bekannt sind. Sie sind jedoch ganz einfach zu vermeiden. Firmen, die den Kundendienst an oberste Stelle setzen, achten beispielsweise darauf, daß das Verkaufspersonal den Kunden noch einmal anruft. Auf diese Weise sind Probleme mit dem Produkt als Folge von Mißverständnissen auszuschließen. Diese Kundengespräche halten die Firma nahe an den Bedürfnissen des Marktes und sind eine wichtige Komponente im Konkurrenzkampf um den besten Kundenservice.

Merken Sie sich, daß andere immer ihre eigene Interpretation sprachlicher Äußerungen entwickeln. Es muß daher – ob es sich um Marktanteile handelt und wer dafür verantwortlich ist oder um die Wichtigkeit eines telefonischen Rückrufs – immer ein Gespräch geführt werden. Ist die Situation besonders kritisch, dann reicht eine einfache Ansprache nicht aus, egal, wie überzeugend sie ausfallen mag. Notwendig ist Konversation, das Gespräch. Gespräche können für alles gut sein, ob es sich um die Erläuterung von Verkaufszahlen handelt oder darum, die Leute zu grösseren Anstrengungen anzufeuern. Gleichzeitig dienen sie als Kontrolle, wie der andere die Geschichte versteht.

Natürlich kann man nicht mit jedem sprechen. Aber Sie können mit Ihren Leuten sprechen, die dann wieder mit ihren Leuten sprechen, welche wiederum ihr Umfeld informieren. Es ist erstaunlich, mit wie vielen

Menschen man reden kann, wenn man die richtige Motivation hat. Falls Sie eine Motivation brauchen, schauen Sie auf Alfred Karrs Untersuchung zu den leitenden Angestellten von 164 großen Firmen. Sie erbrachte, daß die meisten von ihnen angaben, daß «persönliche Kommunikation zur Zufriedenheit der Arbeiter und zu ihrem Engagement» beiträgt. Die meisten der Befragten äußerten auch, daß sie sich wegen anderer Anforderungen nicht die Zeit für mehr Gespräche mit ihren Leuten leisten könnten. In kritischen Momenten könnten sie es sich jedoch nicht leisten, sich diese Zeit nicht zu nehmen.

Alan Farnham vom «Fortune»-Magazin berichtete über weitere Studien. Eine Untersuchung der Forum Corporation ergab, daß 82 Prozent der Fortune-Top-500-Direktoren glauben, daß ihre Firmenstrategie «von jedem, der sie kennen muß», auch verstanden wird. Ist eine solche Wahrnehmung real? Eine Studie von Louis Harris zeigt, daß «weniger als ein Drittel der Angestellten angibt, das Management würde klare Ziele und Anleitung vorgeben», was auf den großen Unterschied zwischen Wahrnehmung und Wirklichkeit verweist. Karr zufolge wird dieses Phänomen außerdem belegt durch Prof. Robert Kelley von der Carnegie Mellon University, der herausfand, daß fast 70 Prozent von 400 befragten Managern glauben, daß Wirtschaftsführer beim Übermitteln ihrer Ziele an die Angestellten versagen.

Solche Diskrepanzen und Meinungsunterschiede sind selbst schon Beleg für die Probleme. Umfragen sind genauso indexikalisch wie alle anderen sprachlichen Äußerungen. Sie können daher nicht mehr als ein erster Schritt zu genaueren Untersuchungen sein, die herausfinden müssen, was die Befragten eigentlich meinen, wenn sie den Fragebogen ausfüllen. Merke also, wenn Sie wirklich die genaue Meinung der Leute erfahren wollen, dann müssen Sie mit ihnen etwas ausführlicher sprechen.

Sind Firmenziele und -philosophie wichtig, dann müssen außerordentliche Maßnahmen ergriffen werden, diese auch klar zu kommunizieren. Die Lösung des Problems der klaren Kommunikation ist keineswegs geheimnisvoll. Aber wir finden sie auch nicht in den Umfragen und Fragebögen. Die Lösung liegt einzig im Gespräch.

Geben Sie Fragen eine Chance. Schweigen ist nicht Gold, wenn klare Kommunikation entscheidet. Jede Firma sollte Regelungen haben, die Gespräche über die Arbeit und verwandte Themen stimulieren und dementsprechend auch die Anerkennung solcher Gespräche. Die Regelung hat die Angestellten davon zu überzeugen, daß auch Fragen, die sich scheinbar selbst beantworten, gestellt werden können. Ohne andauernde Klarstellung werden Mißverständnisse nur dann passieren, wenn wirklich etwas schiefläuft. Klare Kommunikation entsteht auf jeder Ebene nur durch Feedback. Je eher ein Mißverständnis erkannt wird, desto eher kann es korrigiert werden. Behalten Sie den Spruch «Schlechtes wird auch mit der Zeit nicht besser» gut im Kopf.

Die Verantwortlichkeit, Probleme zu erkennen, zu kommunizieren und zu beheben, muß durch den Aufgabenbereich der jeweiligen Person geregelt sein. Es gibt keinen Ersatz für Erfahrung, und niemand wird einen Vorgang gänzlich verstehen, wenn er ihn nicht selbst schon einmal durchgeführt hat. Gemeinsame Erfahrung ist also der beste Kontext für alle Kommunikation. Wenn Manager und Leiter Probleme, Erfolge und Ideen an der Basis verstehen sollen, dann müssen sie auch mit den Angestellten regelmäßig sprechen. Es ist unmöglich, deren Arbeit zu kennen, wenn man nur deren Ergebnisse bewertet.

Schaffen Sie eine Kultur des klaren Verstehens, die auf einer Atmosphäre des Vertrauens und Verstehens basiert. Man muß Ihnen vertrauen, wenn Sie hoffen, klarer Kommunikation zur obersten Priorität in Ihrer Firma zu verhelfen. Wenn die Leute denken, daß Gespräche nicht geschätzt werden oder sogar gegen sie verwendet werden, dann hören sie auf zu reden. Nur in einer Atmosphäre des Vertrauens werden sich die Mitarbeiter ungezwungen fühlen, Fragen zu stellen oder zu sagen, was sie nicht verstehen. Eine solche Kultur wird am besten so geschaffen, daß das Beispiel von oben nach unten Schule macht. Hier nun einige Vorschläge:

- Stellen Sie echte Fragen. Fragen sind echt, wenn Sie die Antwort noch nicht wissen. Sie denken vielleicht, Sie stellen nie solche Fragen, bei denen Sie die Antwort schon wissen. Es ist aber nicht so. Im Gespräch mit einem Kollegen fragen Sie zum Beispiel: «Hast du Jeanne schon zurückgerufen?» Die Antwort, «Nein, noch nicht», veranlaßt Sie zu der Äusserung: «Ja, ich weiß. Ich habe gerade mit Jeanne wegen etwas anderem telefoniert, und sie sagte, du hättest noch nicht angerufen.» In diesem Fall haben Sie die Antwort schon gewußt und den anderen bloß getestet. Wenn Sie das zu oft machen, dann wird man Ihnen kein Vertrauen mehr schenken.

- Nehmen Sie die Aussagen der anderen als einen Blick auf das «feuerfeste Gerüst» Ihrer eigenen Arbeitsprozesse. Lassen Sie wegen Ihres eigenen Horizonts nicht zu, daß die anderen weniger Wichtiges zu sagen haben. Sie haben vielleicht einen anderen Kontext für das Ganze und vielleicht auch mehr Informationen darüber, Sie können das Ganze jedoch nicht ohne die Details verstehen. Unterschätzen Sie, was die anderen sagen, so wird man Ihnen vielleicht gar nichts mehr erzählen.
- Loben Sie Mitarbeiter für ein Gespräch über die Arbeit. Sagen Sie ihnen, daß Sie ihre Einschätzungen und Kommentare für wichtig erachten. Stellen Sie Fragen, damit Sie noch besser verstehen, was sie sagen. Sie können Sätze verwenden wie: «Darüber habe ich tatsächlich noch nie nachgedacht»; «Was denken Sie, warum das so ist?», oder «Wer könnte am besten damit fertig werden?» Machen Sie deutlich, daß Sie den anderen dafür schätzen, was er Ihnen erzählt, und zeigen Sie, daß Sie verstanden haben, was er sagt. Falls nicht, dann sagen Sie es und sprechen mit ihm, bis Sie ihn verstehen.

Entwickeln und nutzen Sie eine spezielle Sprache für wichtige Informationen. Leute, die in sensiblen Bereichen tätig sind, können eine Sprache erlernen, deren Wörter und Wortbedeutungen präziser als die der normalen Sprache sind. Diese Regelung hat ihre Vor- und Nachteile. Einerseits können sich Eingeweihte genauer, weil weniger mehrdeutig, in ihr verständigen als in der normalen Alltagssprache. Andererseits verstehen

Nichteingeweihte nicht genug, um in kritischen Situationen sich damit zu verständigen. Spezielle Fachsprachen werden dennoch in vielen Berufen und Branchen gesprochen, um die Kommunikation zwischen den Fachleuten zu erleichtern.

Eine Kommunikationsstruktur ist so stark wie ihr schwächstes Glied. Jede Firma muß es sich daher zur Regel machen, daß alle Angestellten wissen, wie mit Mißverständnissen zu rechnen ist und wie sie zu beheben sind. Kommunikationsfähigkeit kann ausgebildet und trainiert werden, indem man die allgemeinen menschlichen Ressourcen entwickelt. John Raymond hat in einer Kolumne kürzlich ein Beispiel geliefert. Als John Morgan Präsident der Labatt-Brauerei war, sagte er:

> «Eine der Hauptverantwortlichkeiten von leitenden Angestellten ist das totale Engagement für Bildung und Ausbildung. Wenn wir die menschlichen Ressourcen zu unseren Gunsten entwickeln, dann können wir – jederzeit – diese Ressourcen anzapfen. Die Menschen wollen Teilnahme und Initiative anbieten. Nehmen sie teil, dann sind auch die Ergebnisse besser und die Leute entscheiden sich sogar für die schwierigeren Varianten. Erfolg liegt in der Gemeinsamkeit. Und die Leute kennen die Antwort. Das Problem ist nur, daß niemand sie fragt.»

Alle sollten ihre Kommunikationsfähigkeit schulen. Diejenigen, die eine spezielle Sprache gebrauchen, sollten sogar gründlich ausgebildet werden. Diese besonderen Maßnahmen werden in der Diskussion der Strukturen erörtert.

### *Strukturen*

Regelungen, die eine Firma für strategische Rede öffnen, sind nützlich. Es ist zugleich auch nützlich, positive Strukturen zu etablieren, die die Möglichkeiten, einen gemeinsamen Kontext und gemeinsames Verstehen zu entwickeln, begünstigen. Wenn wir strategische Rede einführen, dann schaffen wir Strukturen, in denen noch mehr strategische Rede möglich wird. Einige dieser Strukturen müssen vom Management in der ganzen Firma installiert werden; andere kann man auch weniger formal einführen. Mit diesen Strukturen kann jeder auf das Ziel klarer Verständigung hinarbeiten.

Regelmäßige Schulung: Alle Angestellten sollten regelmäßig an Schulungsprogrammen teilnehmen. Die Schulung schafft einen gemeinsamen Kontext für das, was die Kollegen zusammen machen, wenn sie ihre Arbeit verrichten.

Bei der Pacific Gas and Electric Corporation (PG & E) in Kalifornien hat die technische Zuverlässigkeit oberste Priorität. Klare Kommunikation ist ein entscheidender Aspekt der Zuverlässigkeit. Die Arbeiter in den Kraftwerken von PG & E werden von vier Wochen eine Woche geschult. Sie lernen dabei über die Arbeit der Kollegen genauso wie über ihre eigene. Dieser gemeinsame Kontext läßt das Risiko von Mißverständnissen sinken. Die Anstrengungen haben sich gelohnt, wie Lascher und La Porte belegen: Die Stromversorgung liegt im Durchschnitt bei 99,965 Prozent des Bedarfs.

Vermittelte Kommunikation: Normalerweise kann nicht jeder ressortfremde Bereiche verstehen, bedienen oder Entscheidungen darüber treffen. Man sollte daher verschiedene Bereiche so strukturieren, daß jemand, der mit zwei Bereichen vertraut ist, als Vermittler bei ressortübergreifenden Fragen wirken kann. Manager können als Kommunikationsverbindungen agieren, da sie das Ganze im Auge haben; dafür müssen sie entsprechend ausgebildet werden. Querschulung und gemeinsame Meetings tragen dafür Sorge. Diese Querschulung ähnelt dem Leistungsaufbau bei Sportlern. Ein Sprinter wird auch schwimmen, radfahren und Kraftsport treiben, um seine körperlichen und mentalen Leistungen zusätzlich zum bloßen Sprinten zu verbessern. Produktionsleiter etwa könnten sechs Tage im Jahr (einmal alle zwei Monate) in anderen Bereichen arbeiten: in der Marketing- und Verkaufsabteilung, beim Kundendienst, Versand und in der Rechtsabteilung – oder was sonst noch in Frage kommt. Diese Querschulung kann noch intensiviert werden, wenn voneinander abhängige Bereiche Kommunikationsprobleme haben.

Reservesicherungen: Mehrfache Verantwortlichkeit für die gleiche Funktion ist eine wichtige strukturelle Absicherung für klare Kommunikation. In wichtigen Bereichen muß immer mehr als eine Person zur Verfügung stehen, die im Notfall die Arbeit koordinieren kann. Diese Reserve erhält den Kommunikationsprozeß bei Ausfällen (wegen Krankheit oder anderem) aufrecht.

Die umgedrehte Pyramide für klare Kommunikation: Probleme werden gelöst, wenn man darüber reden kann. Jeder sollte dazu angehalten werden, in Momenten von Mißverständnissen Fragen zu stellen – von oben nach unten und von unten nach oben. Leiter leiten effektiv, wenn sie mit ihren Vorgesetzten über organisatorische Probleme reden können. Wir alle können effektiver sein, wenn wir ungezwungen Fragen stellen können. Probleme werden nicht gelöst, wenn man nicht darüber reden kann. Aus diesem Grunde ist es sehr wichtig, Kommunikation immer in zwei Richtungen offenzuhalten. Firmen, die Wert auf klare Kommunikation legen, verlassen sich auf diese Kommunikation mit der Basis. Tatsächlich haben aber nur wenige Firmen auch eine Atmosphäre geschaffen, in der es der Basis leichtfällt, Fragen nach oben zu geben. Das ist auch kein Wunder, wenn viele Leute immer noch glauben, das sei ein Zeichen mangelnder Kompetenz.

Amanda, Chefin einer Werbeagentur, und ihre Assistentin Jessica arbeiten schon zweieinhalb Jahre zusammen. Man könnte meinen, sie sind schon so miteinander vertraut und kennen gegenseitig ihre Arbeitsgewohnheiten, daß sie sich fast ohne zu reden miteinander verständigen können. Manchmal klappt das auch. Aber nicht immer. Dieser Wortwechsel ereignete sich zum Beispiel eines Nachmittags:

Amanda: Ist der Bericht fertig?

Jessica: Nein, noch nicht. Ich arbeite immer noch an dem Vertrag, den du mir heute morgen gegeben hast.

Amanda: Der hätte noch warten können. Den Bericht brauchen wir heute nachmittag.

| | |
|---|---|
| Jessica: | Du hast mir aber gesagt, daß der Vertrag gleich fertiggemacht werden muß. Ich weiß doch, wie wichtig er ist. |
| Amanda: | Du hättest aber wissen müssen, daß wir den Bericht für das Meeting heute nachmittag brauchen. |
| Jessica: | Als du mir den Vertrag heute morgen gegeben hast, hast du gesagt: «Mach das gleich mal fertig.» Ich habe natürlich gedacht, du meinst das auch so. |
| Amanda: | Das habe ich zwar gesagt, aber du hättest wissen sollen, was ich meine. |

Jessica hörte Amandas Aufgabenstellung. Sie glaubte zu wissen, was Amanda meinte: Höre mit dem Bericht auf und mach den Vertrag fertig, beende dann den Bericht für diesen Tag. Amanda hat fälschlicherweise angenommen, Jessica würde verstehen, daß der Bericht erste Priorität habe. Hätte Amanda klare Kommunikation zu einer Top-Priorität gemacht, dann wäre Jessica eher geneigt gewesen, nachzufragen, welche Arbeit zuerst erledigt werden soll.

Die richtigen Prioritäten nicht herauszuhören ist ein häufiges Mißverständnis. Wir kennen alle die Erfahrung, daß unsere Worte nicht das kommunizieren, was wir wollen. «Mach das gleich mal fertig» hört sich einfach und verständlich an. Führt das jedoch nicht zu dem gewünschten Ergebnis, dann wissen wir, daß es weder einfach noch verständlich war.

Regelungen und Strukturen betreffen die festgelegten beruflichen Aspekte von Rede und Gespräch. Zugleich gibt es immer noch andere Aspekte dabei. Jede Konversation, gleich welchen Gegenstand sie zum Inhalt hat, ist mit persönlichen und sozialen Interessen verwurzelt. Um effizient zu sein, muß unsere Rede das berücksichtigen.

# Wie man das Persönliche im Beruflichen erkennt

Bei der Arbeit muß man sich austauschen, und zwar nicht nur über die Arbeit. Die Gespräche dienen auch zur Aufrechterhaltung der Kontakte und kollegialen Beziehungen. Die Regelung, daß die Tür des Leiters allen offensteht, unterstützt eine solche Kultur. Die Vorteile liegen im Gespräch selbst und nicht im Gegenstand des Gesprächs. Mit anderen zu reden, unabhängig vom konkreten Anliegen, ist wesentlicher Bestandteil eines gesunden Betriebsklimas.

### *Die Pflege zwischenmenschlicher Beziehungen*

Eine grundlegende Funktion des Gesprächs ist die Kontaktpflege, was mit Informationsaustausch nicht das geringste zu tun hat. Gesprächsanalysen zeigen, daß wir Gespräche führen, um Konflikten aus dem Weg zu gehen und freundschaftliche Beziehungen mit anderen aufrechtzuerhalten. Ein gutes Klima für solche Beziehungen ermöglicht uns, mit Freude mit Kollegen zu sprechen, mit denen wir jeden Tag viele Stunden unseres Lebens verbringen. Diese Beziehungspflege schließt ein, daß wir es verstehen, andere nicht unabsichtlich zu beleidigen oder in Verlegenheit zu bringen. Auch das ist ein wichtiger Aspekt der Kultur des Verstehens.

Zum Erhalt guter Beziehungen untereinander trägt auch bei, daß wir unliebsame Einladungen, Angebote und Wünsche so abzuschlagen wissen, daß jeder sein Gesicht wahren kann. Schauen wir auf das Beispiel von Amy und ihrem Kollegen Jack, der ihr vor dem Büro begegnet.

Amy: Jack, wollen wir heute zusammen Mittagessen gehen, damit wir uns über die neue Marketingstrategie unterhalten können, von der du neulich gesprochen hast?

Jack: Nein.

Amy schaute Jack für einen Moment an, drehte sich um und ging davon.

Kommt Ihnen das komisch vor? Kein Zweifel, Sie sehen Jacks Antwort auf Amys Einladung als ungehörig kurz, unfreundlich und umgangsfeindlich, und Sie denken auch, daß Amy das so sieht. Dieser Wortwechsel könnte Amys und Jacks zwischenmenschliche und berufliche Beziehung ernsthaft erschüttern. Eine höflichere Erwiderung wäre etwa so ausgefallen: «Danke für die Einladung, Amy. Aber leider bin ich schon zum Mittag verabredet, und ich kann das nicht absagen. Wie wäre es morgen?» Jacks Entschuldigung muß natürlich nicht hundertprozentig stimmen. Er hat eben schon was anderes vor. Aber diese Antwort hört sich viel besser an. Ein Konflikt wird vermieden und das Gesicht gewahrt. Und mit dem Vorschlag einer Alternative signalisiert Jack, daß er gegen ein gemeinsames Essen nichts einzuwenden hat. Diese Antwort erhält also die bestehende Beziehung zwischen den beiden aufrecht.

Merken Sie sich auch, daß die Länge einer Erwiderung oder Antwort kaum von Bedeutung ist. Unter anderen Umständen hätte das Gespräch zwischen Amy und Jack auch so verlaufen können:

| | |
|---|---|
| Amy: | Jack, wollen wir heute zusammen Mittagessen gehen, damit wir uns über die neue Marketingstrategie unterhalten können, von der du neulich gesprochen hast? |
| Jack: | Aber sicher. |
| Amy: | Wir treffen uns um eins im Côte Basque». |
| Jack: | Gut. |

Diesmal waren Jacks Antworten zwar genauso kurz und einsilbig wie beim ersten Mal. Seine Antworten festigten jedoch den Sinn für Gemeinschaft; seine Reaktion war die gewünschte. Sie kommt Amys dienstlichen Interessen entgegen (die Marketingstrategie zu diskutieren) wie auch ihrem persönlichen Bedürfnis, ein gutes Verhältnis zu Kollegen zu haben. Letzteres ist nur eines von vielen, die in einer Kultur des Verstehens beachtet werden müssen.

### *Die Interessen des anderen verstehen*

Wir alle haben persönliche Interessen, die sich aus unseren Motiven, Erwartungen, Wünschen, Zielstellungen und Ängsten ergeben und die auch einen Teil des Kontexts unserer Rede bilden. Erfolgreiche Kommunikation und erfolgreiche Führungsarbeit schließt auch das Verständnis dafür ein, daß diese Interessen die Art und Weise betreffen, wie andere uns verstehen. Andersherum geht es uns natürlich auch so, daß das, was andere zu uns sagen, durch unsere Interessen beeinflußt ist. Leider sind die Interessen nicht immer gleich, und wir wissen auch nicht, welche der andere gerade verfolgt.

Haben Sie schon mal etwas zu einem Kollegen gesagt, womit sie meinten, ihm zu helfen, seiner Karriere dienlich zu sein oder ganz allgemein etwas zu verbessern, und sie bekamen es voller Entrüstung an den Kopf zurück? Ihr Interesse war es, sich um den anderen zu sorgen. Und Sie dachten, das würde auch so rüberkommen. Statt dessen hat der andere nur die Kritik an ihm oder seiner Arbeit gehört.

Folgende Situation als Beispiel: Die Managerin einer großen Immobilienfirma sah, daß der neue Empfangssekretär ihres Büros, der den Job nur vorübergehend versieht, große Schwierigkeiten hat. Er sah übel aus und schien übermüdet. Sie bestellte ihn zu sich:

| | |
|---|---|
| Shelly: | Wie geht es Ihnen? |
| John: | Ich bin echt müde. |
| Shelly: | Das sieht man. Sie könnten ein paar Wochen frei nehmen. Ich hätte jemanden für Ihre Stelle, bis Sie sich wieder besser fühlen. |
| John: | Nein. |
| Shelly: | Sind Sie sicher? Sie sehen wirklich aus, als könnten sie diese Arbeit im Moment nicht machen. |
| John: | Ich höre wohl nicht richtig. Sie sagen, ich soll gehen, weil ich nicht gut aussehe. |
| Shelly: | So habe ich das nicht gemeint. |

John: Aber das haben Sie doch gesagt.
Shelly: Keineswegs.

John verließ Shellys Büro, räumte, sehr zu ihrem Mißfallen, seinen Schreibtisch aus und ging. Sie klagt, daß John sie überhaupt nicht verstanden habe. Sie wollte in dem Gespräch ihre Sorge um Johns Gesundheit und darum, ob er der Arbeit in diesem Zustand nachgehen kann, zum Ausdruck bringen. Als Managerin will Shelly natürlich einen Empfangssekretär, der eine herzliche und positive Ausstrahlung auf die Leute hat, die in ihr Büro kommen. Sie war also persönlich und beruflich besorgt, als John in schlechter Kleidung und zerschlagen zur Arbeit erschien. Sie dachte, es wäre am besten, wenn sie ihn ganz direkt anspricht. Und sie war sich sicher, sich ganz klar auszudrücken – und sich so zu verhalten, daß nicht einmal ein Kommunikationsberater etwas an ihr auszusetzen hätte.

John hat Shellys Sorge um sein persönliches Wohlergehen leider überhört. Er hörte lediglich, daß er gebeten wurde zu gehen, da er nicht gut genug aussähe. John hörte Shellys Bemerkungen im Licht seiner eigenen Interessen, die wahrscheinlich darauf gerichtet waren, den Job zu behalten. Die Bedeutung oder Absicht oder Motivation von Shellys Bemerkungen wurde auf diese Weise der Gegenstand von Johns Interpretation. Das zeigt sich in Johns Erwiderung, die überhaupt nicht mit dem zusammenpaßt, was Shelly meinte. Interaktive Kommunikation läuft immer so. Unser Gegenüber interpretiert unsere Rede und erschafft ihre Bedeutung in jedem Moment. Die von uns angestrebte Interpretation wird vielleicht gar nicht vernommen, und solange sich der andere nicht darüber äußert, können wir auch gar nicht wissen, wie unsere Worte verstanden werden. Fast jede Äußerung bietet eine Fülle an Interpretationen.

Die Interessen sind dem Verstehen oft sogar im Wege. Das zu erkennen ist ein wichtiger Schritt zum Verstehen. Wir können jedoch unsere Interessen mit den bereits bekannten Konversationstechniken deutlich machen: Beziehen Sie sich auf etwas, fragen Sie nach, ob Sie verstanden wurden, verwenden Sie Umschreibungen, Beispiele und kleine Geschichten. Ebenso können wir formulieren, was wir als die Interessen unseres Gegenübers ansehen und verstehen.

Shelly könnte ihre Unterredung mit John auch so eröffnen: «John, Sie sind ein exzellenter Angestellter. Ich kritisiere hier nicht Ihre Arbeit, und ich möchte auch nicht, daß Sie das falsch verstehen. Aber Sie sehen nicht gesund aus. Ich mache mir um Ihre Gesundheit Sorgen und darum, daß Ihnen die Arbeit als Empfangssekretär nicht gut zu bekommen scheint. Es wäre besser für Sie, Sie würden ein paar Wochen aussetzen. Was halten Sie davon?» Auf diese Weise hätte Shelly ihre Sicht deutlicher zum Ausdruck gebracht, und John hätte eine Chance, sich zustimmend oder ablehnend dazu zu äußern.

Auch hieran wird klar, daß wir unsere Interpretation der Bedeutung zum Ausdruck bringen müssen. Und wir müssen auch die anderen dazu veranlassen. Unterlassen wir das, haben wir keine Möglichkeit, zu erfahren, wie die anderen uns verstehen. Gemeinsames Verstehen heißt, daß das Gespräch in beide Richtungen geht.

## Mit einem Gespräch das Verstehen absichern

Genauso, wie Shelly über den Verlauf ihrer Unterredung mit John bestürzt war, scheinen die leitenden Manager in vielen Firmen immer wieder davon entsetzt, daß ihre Absichten, Regelungen und Handlungen falsch interpretiert werden. Besonders beim Krisenmanagement ist solches Mißverstehen ein Problem. Wenn unser Öltanker gerade auf Grund gelaufen ist und eine internationale Umweltkatastrophe verursacht hat, dann wollen wir auch, daß die Leute unseren Standpunkt verstehen.

Nehmen wir als weniger katastrophales Beispiel die Versicherungsunternehmen. Versicherungsgesellschaften werden von ihren Kunden oft kritisiert, weil sie ein Geschäft mit persönlichen und öffentlichen Tragödien betreiben und mutmaßlich davon profitieren. Diese Branche möchte mit wirksamen PR-Kampagnen die Kommunikation mit ihren Kunden und der Öffentlichkeit verbessern. Aber auch jede PR-Kampagne muß sich zuerst die Fragen stellen, die wir beim verstehenden Umgang mit anderen berücksichtigen:

- Wer spricht?
- Worüber?
- Wo?
- Wann?
- Warum?
- Wie müsssen wir sprechen, daß uns die Leute so interpretieren, wie wir es beabsichtigen?

Was das Wer, Wann und sogar das Wo betrifft, kann ohne das Warum – warum möchte die Versicherungsbranche bestimmte Punkte kommunizieren, und welche sind das – nicht entschieden werden. Ein großer Teil dieser Informationen muß von erfahrenen PR-Agenten erarbeitet werden. Sollen sie aber richtig verstanden werden, dann bedarf es der Mittel des Gesprächs, des Dialogs und des Austauschs. Ungeachtet der ethischen Fragen von Wahrheit und genauen Fakten, wird nur die strategische Rede das Verstehen ermöglichen. Wollen wir, daß andere uns verstehen, dann kann das, was wir sagen, nicht von dem getrennt werden, wie wir es sagen.

## Zusammenfassung

Für eine Kultur des Verstehens müssen wir wissen, daß Worte tatsächlich nicht nur eine Bedeutung haben. Wir müssen deshalb bestimmen, wie wir die richtige Bedeutung kommunizieren, damit wir in der Arbeitswelt richtig verstanden werden.

Wir können Fehlinterpretationen ausrotten, wenn wir unser Verhalten im Alltag ändern. Ein Anfang ist, daß wir uns durch Gespräche verständlich machen. Versagen wir hierbei, dann werden wir weiterhin von Mißverständnissen frustriert sein und einen hohen Verlust bei der Effektivität und der Arbeitsmoral verkraften müssen. Sind wir zu klarer Kommunikation durch Gespräche entschlossen, dann können wir uns auf die Schaffung eines gemeinsamen Kontexts für die Interpretation im Umgang mit anderen konzentrieren.

Man muß dahin kommen, daß es keine Gefahr ist, zu fragen: «Das verstehe ich nicht. Könnten Sie das noch einmal erklären?» Man muß Fragen ohne Angst und voller Selbstvertrauen stellen dürfen. Wir alle müssen die Grundlagen des Gesprächs kennen, so daß es niemandem unangenehm ist, Fragen zu stellen, ob ans Management, an die Angestellten oder an die Zulieferer.

Eine solche Arbeitskultur entsteht nicht über Nacht. Es braucht Wochen, Monate, manchmal Jahre der Einübung. Dieses Engagement geht über das Gespräch hinaus. Wir dürfen nicht einfach nur sagen, daß wir das Gespräch als Mittel der Verständigung schätzen, sondern wir müssen das auch deutlich machen, indem wir Regelungen und Strukturen schaffen, die ein solches Engagement unterstützen. Die Regelungen und Strukturen, die in diesem Kapitel beschrieben wurden, schaffen einen zuverlässigen Kontext für Gespräche, die zum Verstehen führen.

Siebentes Kapitel

# Kommunikation in kritischen Momenten

Wenn Mißverständnisse nur selten passieren würden, dann wäre es kein Problem, daß andere von uns im allgemeinen erwarten, daß wir beim ersten Mal verstehen, was sie uns sagen. Wenn in einer Firma jedoch Mißverständnisse regelmäßig vorkommen, dann kann das zu einer ernsthaften Gefährdung der Firma führen. Ein schrecklicher Verlust an menschlichen und finanziellen Ressourcen ist die Folge. Die Untersuchung der Methoden und Prioritäten in hochsensiblen Bereichen kann uns dabei helfen, unsere eigenen Prioritäten für klare Kommunikation zu setzen.

Tatsächlich müßte jede Firma wie ein hochsensibler Bereich geführt werden. Solche hochsensiblen Bereiche kennen jedenfalls eine Grundregel: zuverlässiges Funktionieren auf höchstem Niveau. Sie können sich Mißverständnisse einfach nicht leisten, denn dadurch verursachte Fehlfunktionen wären Katastrophen: Menschen verunglücken, Raumschiffe explodieren, Flugzeuge stürzen ab, Störfälle in Kernreaktoren, tödliche Chemikalien treten aus, und ganze Städte leiden unter dem Ausfall von Strom oder Wasser. Diejenigen, die in hochsensiblen Bereichen arbeiten, unternehmen alle Anstrengungen, einen gemeinsamen Kontext zu schaffen, Verstehen systematisch zu kontrollieren, die Verantwortung zu regeln, daß Botschaften eindeutig empfangen und verstanden werden, Kommunikation doppelt abzusichern und mehr als eine Person für die Weitergabe einer Information verantwortlich zu machen.

Aber ungeachtet all dessen, müssen auch diese hochsensiblen Bereiche mit Mißverständnissen fertig werden. Der gelegentliche Ausfall des öffentlichen Notrufs und von Luftverkehrsleitstellen sowie die «Challenger»-Katastrophe zeugen von ernsten Mißverständnissen. Das heißt nicht, daß diese Systeme nichts wert sind. Ganz im Gegenteil. Sie machen einen

Schritt in die richtige Richtung, weil sie die Allgegenwart von Mißverständnissen erkannt und die notwendigen Gegenmaßnahmen ergriffen haben.

## Die Folgen von Mißverständnissen

Alle Firmen und Einrichtungen haben Probleme mit Folgen von Mißverständnissen. Diese reichen vom anders Formulieren einer Frage bis zum Unglück mit tödlichem Ausgang. Für die meisten von uns sind Mißverständnisse normalerweise keine Frage von Leben und Tod, beim Notruf von Polizei und Feuerwehr geht es oft nur darum.

Notruf-Einrichtungen, die immer mit allem rechnen müssen, setzen die Einsatzbereitschaft als oberste Priorität. Obwohl die Leute, die Notrufe entgegennehmen und anschließend einen entsprechenden Einsatz beurteilen, eine Spezialausbildung für Gespräche mit Anrufern unter Schock u. ä. haben, kommen immer noch Mißverständnisse vor. Anrufer sprechen häufig unzusammenhängend, verwirrt. In einem Bericht des «Dallas Times Herald» schrieb Tupper Hull 1984:

> Beamte der Feuerwehr von Dallas untersuchen einen Vorfall, in dem ein Notruf-Disponent mit einem Mann stritt, der angab, seine Stiefmutter läge bei ihm zu Hause im Sterben – weswegen die Schnelle Medizinische Hilfe erst nach sieben Minuten rausgeschickt wurde. Als die Notärzte nach dreizehn Minuten bei der Adresse in East Dallas eintrafen, war die Frau tot. Der Anrufer verklagt nun die Stadt um 300 000 Dollar Schadenersatz für den Tod seiner Stiefmutter.

Die Aufzeichnung des Gesprächs erbrachte, daß zuerst der Anrufer und die Disponentin und nachfolgend der Anrufer und die zuständige Krankenschwester aneinander vorbeiredeten. Die Ursache war, daß jeder der Beteiligten einen anderen Kontext dafür hatte, was als nächstes gesagt werden müßte. Der Anrufer wollte einen Krankenwagen, da seine Stiefmutter so schnell wie möglich medizinische Betreuung brauchte; die Feuerwehr-Notruf-Disponentin wußte, daß sie den Anruf an den dafür zuständigen Notdienst weiterleiten und daher möglichst viele Informationen erfragen mußte; die Krankenschwester wußte, daß sie alle möglichen medizinischen Angaben benötigte, um den entsprechenden Einsatz in die Wege leiten zu können.

Im folgenden das Telefongespräch (wie es bei Whalen, Zimmerman und Whalen als Teil eines Artikels wiedergegeben ist). D ist die Disponentin der Feuerwehr, die den Anruf entgegennahm, A der Anrufer und K die Krankenschwester.

D: Feuerwehr.
A: Ich brauche bitte einen Krankenwagen in die Haverford 4139.
D: Worum handelt es sich bei Ihnen?
A: Das weiß ich doch nicht, und wenn ich das wüßte, dann würde ich nicht anrufen.
D: Brauchen Sie selbst den Krankenwagen?
A: Nein. Aber meine Mutter.
D: Ich gebe Sie an die Krankenschwester weiter.
A: Das ist doch Mist.
K: Einsatzschwester bei der Feuerwehr, Ihre Adresse?
A: Haverford 4139.
K: 4139, welche Straße?
A: Drive. Haverford Drive (mit angespannter Stimme).
K: H-A-V-E-O-R-D.
A: Nein. H-A-V-E-R-F-O-R-D. Drive.
K: Okay, ist das ein Haus oder eine Wohnung?
A: Ein Haus.
K: Welche Straße kreuzt Haverford an der nächsten Ecke?
A: Äh, Lincoln, Sie können auf der Lincoln rein.
K: Und die Telefonnummer?

A: Die Nummer ist drei zwei neun, drei zwo zwo fünf.
K: Und worum handelt es sich?
A: Das weiß ich doch nicht, wenn ich das wüßte, würde ich Sie nicht brauchen.
K: Würden Sie bitte meine Frage beantworten? Worum handelt es sich?
A: Sie kann nicht mehr richtig atmen.
K: Wie alt ist diese Person?
A: Sechzig Jahre alt.
K: Wo befindet sie sich jetzt.
A: Sie ist gerade im Schlafzimmer.
K: Kann ich bitte mit ihr sprechen?
A: Nein, das geht nicht. Sie scheint sich nicht mehr richtig ausdrücken zu können.
K: Warum kann sie sich nicht mehr richtig ausdrücken?
A: Wie zum Teufel soll ich denn das wissen!

Von hier ab wurde es noch schlimmer. Schließlich legte A einfach auf. Sein Mitbewohner rief noch einmal an, und die Schwester sagte ihm, daß der Krankenwagen unterwegs sei.

Den Notruf kann man als eine Art Service betrachten. Wir rufen genauso an, wenn wir die Klimaanlage oder den Geschirrspüler repariert haben wollen, den Teppich reinigen lassen oder etwas zu essen bestellen. Bei der Pizzeria anzurufen und eine große Pizza mit Pilzen und Salami und ohne Anchovis zu bestellen ist genauso ein Service-Anruf. Vom Pizza-Mann erwarten wir, daß er unseren Namen und unsere Adresse aufnimmt, unsere Bestellung so schnell wie möglich liefert und nicht fragt, «Warum brauchen Sie eine Pizza?» Der Anrufer von Dallas war vielleicht in einem solchen Pizza-Kontext. Damit erklärt sich, warum er das so gesagt hat. Die Fragen von Disponentin und Krankenschwester erschienen ihm seltsam und überflüssig; aus seiner Sicht hätte die Disponentin seine Bestellung entgegennehmen und den Krankenwagen so schnell wie möglich losschicken sollen. Disponentin in und Schwester standen jedoch nicht in diesem Pizza-Bestell-Kontext. Ihr Kontext war der vom Notruf 112; sie benötigten detaillierte Angaben, um die richtigen Anweisungen zu treffen.

Solche Mißverständnisse sind nichts Ungewöhnliches. Ich habe mal dieses Beispiel in einem Kommunikationsseminar für Geschäftsleute benutzt. Ich wies darauf hin, daß der Anruf bei 112 wohl kaum zu unseren alltäglichen Beschäftigungen gehört, und fragte, wie viele in der Gruppe dort schon einmal anrufen mußten. Eine Frau hob die Hand, und ich bat sie, davon zu erzählen.

Ihr Mann wurde ganz plötzlich krank, und sie rief den Notdienst. Sie gab die Adresse an, wurde falsch verstanden, und die Notärzte fuhren zur falschen Adresse. Sie konnte die Tränen kaum unterdrücken, als sie uns sagte, daß ihr Mann schon tot war, als die Ärzte endlich eintrafen. Es könnte kein nachdrücklicheres Beispiel dafür geben, daß klare Kommunikation in kritischen Momenten von uns beherrscht werden muß.

Im vierten Kapitel beschrieb ich die tragischen Mißverständnisse, die zur «Challenger»-Katastrophe führten. Ein Fehlschlag an Kommunikation zwischen Management und Ingenieuren, von denen jeder eine andere Perspektive auf die auszuwertenden Daten hatte. Die Forscherin Dorothy Winsor stellte ganz klar fest, daß «Kommunikation nicht im Austausch von Informationen besteht, sondern in deren übereinstimmender Interpretation».

Die «Challenger» explodierte, weil in der Trägerrakete eine Gummidichtung und deren Reservedichtung nicht hielten. Für das Personal von Morton Thiokol International (MTI), dem Marshall Space Center und der NASA drehte sich die Fehlkommunikation um das gemeinsame Verstehen des Dichtungsringproblems und die Einschätzung, ob das mögliche Versagen der Dichtung in den Leitungen schlimm genug sei, den Start zu verschieben. Aus den schriftlichen Memos und anderen Zeugnissen ist nicht mehr zu schließen, wer genau was zu wem gesagt hat. Es ist jedoch klar, daß verschiedene Leute das Problem und seine Ernsthaftigkeit verschieden interpretierten.

Bei dieser Katastrophe standen die vielen Ebenen des Raumfahrtprogramms einer klaren Kommunikation im Wege, denn sie gewährleisteten nicht, daß die Entscheidungsträger mit den Spezialisten Probleme erörtern. Die Struktur erschwerte gemeinsame Interpretationen, weil die Kommunikation von ihren Kommunikatoren getrennt war. Sie trennte die Wörter vom Kontext.

Wir können nicht davon ausgehen, daß dieses Mißverständnis zwischen Ingenieuren und Management darin begründet liegt, daß sie verschiedenen Arbeitsbereichen angehören. Selbst innerhalb desselben Bereichs mit gleicher Identifikation und gleichen Auffassungen wird eine gemeinsame Interpretation nicht automatisch erzielt. Wenn nicht einmal gemeinsam verbrachte Zeit und räumliche Nähe Verstehen garantieren, was kann man dann tun?

## Systeme zur Verhinderung von Mißverständnissen

Um Mißverständnisse zu verhindern, sind hochsensible Bereiche mit der Einführung von speziellen Systemen zur Absicherung klarer Kommunikation bemüht. Von ihren Erfolgen und Mißerfolgen können wir lernen und dies dann mit unserem Wissen über Mißverständnisse kombinieren.

Die Strukturen und Regelungen hochsensibler Bereiche berücksichtigen, daß Mißverständnisse vorkommen können, sofern man nicht Maßnahmen zu ihrer Verhinderung ergreift. Darunter finden sich die folgenden:

- Regelmäßige Weiterbildung: Diese Maßnahme gewährleistet, daß ein gemeinsamer Kontext für die eigene wie für die Arbeit der anderen geschaffen wird. Die Kommunikation unter Angestellten läuft besser, wenn sie auf einem gemeinsamen Kontext basiert.
- Entscheidungsverantwortung muß mit Funktion und Kenntnissen übereinstimmen: Diejenigen, die ihren Job am besten kennen, sollten

auch für Entscheidungen verantwortlich sein, die mit ihrem Job funktional zu tun haben, denn man braucht in einer relativ komplizierten Struktur für Entscheidungen viel Zeit. In einigen Situationen kann sogar der, der in der Hierarchie ganz unten steht, die notwendigen Maßnahmen veranlassen.

- Kommunikation muß zwischen verschiedenen Ebenen offen sein: Ungehinderter Informationsfluß beruht auf einem System, in dem Rang und Autorität, die ansonsten offene Gespräche hemmen, von untergeordneter Bedeutung sind.
- Reservekommunikationssysteme: Fällt eines aus, ist ein anderes da. Das Reservesystem kann das gleiche sein oder ein anderes, das die gleiche Informationsvergabe anders absichert.
- Spezialisierte Sprache: Eine spezialisierte Sprache ermöglicht ihren Benutzern ein System von Begriffen und Formeln, die nur ein bestimmter Kreis von Mitarbeitern hat, die aber alle denselben Kontext gemeinsam haben.
- Persönliche Verantwortlichkeiten innerhalb einzelner Bereiche: Alle kennen ihre Verantwortung für einen fehlerfreien Betrieb. Jeder muß also seine besondere Verantwortung für den Bereich wahrnehmen, für den er arbeitet. Man ist dafür verantwortlich, zu verstehen und verstanden zu werden.

Weiterbildung und betriebsinterne Regelungen stabilisieren jeden einzelnen dieser Faktoren. Schauen wir zum Beispiel, wie ein sehr großer und komplexer Betrieb damit umgeht. Der nukleargetriebene Flugzeugträger «Enterprise» beschäftigt 6000 Leute, hat mehr als 2000 Telefone, ist 24 Stockwerke hoch und führt für 15 Jahre ausreichendes nukleares Material mit sich. Es gibt eine ganze Anzahl von Kommunikationssystemen zur Aufrechterhaltung der Betriebsbereitschaft, auch aus der Erfahrung einer Tragödie an Bord.

1969 gab es ein Feuer auf dem Deck der «Enterprise». Die Auspuffröhre einer Antriebsmaschine ließ eine Rakete hochgehen, welche wiederum ein Flugzeug auf der anderen Seite des Schiffes traf. Diese Kettenreaktion setzte sich mit auf dem Flugdeck explodierenden 500-Pfund-Bomben fort. Fast hundert Menschen starben. Das Schiff blieb für viele Wochen wegen Reparaturen im Hafen. Dieses Unglück bedeutete einen ungeheuren Verlust an Menschenleben und Einsatzzeit. Die Arbeit der Mannschaft, weitere Verluste während und nach der Katastrophe zu verhindern, beruhte auf klarer Kommunikation mit allen, die ihre Aufgaben und ihren Platz zu kennen hatten.

Als Großbetrieb beinhaltet die Funktion eines Flugzeugträgers viele einzelne und einander überlappende Aufgabenprogramme, darunter die Anforderungen von Tag- und Nachtflügen, Ausbildung, Manöver, Versorgung und Wartung, Navigation und die Bedürfnisse des Personals. Über allem steht jedoch, daß die jeweils Verantwortlichen ihre Kommunikation jederzeit koordinieren. Das Personal vom Flugdeck nennt es «organisiertes Chaos». Jeder einzelne kennt zwar seinen Job, weiß aber nie, was als nächstes passieren wird.

Karlene Roberts hat die vielen Systeme, die auf dem Flugzeugträger für eine klare Kommunikation eingerichtet sind, beschrieben. Das Schiff hat direkte und indirekte Informationsquellen. Der Kontrollturm, der alle Flug- und Hangaraktivitäten regelt, hat mehr als zwanzig verschiedene Kommunikationssysteme, darunter Funk und extralaute Telefone. Der Landelotse auf dem Flugdeck und sein Vorgesetzter im Tower kommunizieren miteinander über ein spezielles Telefon, Funk, Außenlautsprecher und haben außerdem eine Vorrichtung, mit der der Tower alle Flugaktivitäten stoppen kann.

Ein sicherer und effizienter Flugbetrieb ist die Hauptaufgabe des Flugzeugträgers. Der Betrieb bedingt, daß jeder seine Aufgabe genau kennt und alle klar miteinander kommunizieren. Der Tower steht in Verbindung mit der Navigationsbrücke. Der Pilot auf dem Weg zu seinem F-18-Kampfflugzeug spricht mit der Luftüberwachung im Tower. Das Flugzeug ist mit sechs Phoenix- und Sidewinder-Luftraketen bestückt. Das Kontrollzentrum gibt dem Piloten Anweisungen und erbittet seine

Meldung, wenn er in die Startvorrichtung fährt. Der Landelotse dagegen regelt allein die Landung und sorgt dafür, daß das Flugzeug in der richtigen Position einfliegt. Der Pilot muß dafür das Gewicht seiner Treibstoffladung angeben.

Mit einem Fernglas ist der Spähposten ausgerüstet, der den Typ des landenden Flugzeugs identifiziert und daher das entsprechende Gewicht für die Landevorrichtung auf dem 300 Meter langen Deck weitergibt; er entscheidet über den richtigen Einsatz der Landevorrichtung, gibt das Deck zum Landen frei (oder nicht) und signalisiert den vollzogenen oder den abgebrochenen Landeanflug.

In diesem System erhält der Tower Informationen über ein zurückkehrendes Flugzeug aus vielen verschiedenen Quellen. Ihre Überschneidung und Wiederholung gleicht den engen Zeitrahmen aus, der für eine Landung mit ihren komplexen Aktivitäten zur Verfügung steht. Wenn drei Leute gleichzeitig dasselbe Ereignis beobachten und die Situation übereinstimmend beurteilen, dann ist der enge Rahmen eines solchen Vorgangs abgesichert. Hier handelt es sich ganz ausdrücklich um die Schaffung eines gemeinsamen Kontexts.

## Kommunikation auf oberer Ebene schafft Werte

Selbst wenn in Ihrer Firma nicht das Leben anderer auf dem Spiel steht, können Sie einige der Techniken in hochsensiblen Bereichen nutzen. Bereiche mit klarer Kommunikation erhöhen ihre Effektivität und setzen auf diese Weise Maßstäbe. Bessere organisatorische Abläufe lassen sich auf der Grundlage dieser Systeme einrichten: mit dem Ergebnis eines verbesserten Produkts, egal, ob handfeste Ware oder Serviceleistung. Weitere Effekte sind ein verbessertes Arbeitsklima, verbesserte Beziehungen zwischen der Firma und ihren Kunden oder jedem anderen, der mit ihr zu tun hat.

## Prioritäten der Kommunikation setzen

Alle Firmen bedürfen klarer Kommunikation – vom hochsensiblen Bereich bis zum kleinsten Versandhandel, wo Mißverständnisse unzufriedene Kunden nach sich ziehen. Jede Firma muß wissen, wie ihre einzelnen Abteilungen untereinander kommunizieren. Die Abteilungen können von Fall zu Fall natürlich sehr verschieden sein. Meistens bestehen sie aus Finanzierung, Produktion, Lager, Marketing, Verkauf, Versand, Planung, Lieferung, Personalabteilung und Kundendienst, Qualitätskontrolle und Rechtsabteilung. In Kleinstbetrieben wie einer Imbißbude füllt eine Person alle diese Aufgabenbereiche aus. In komplexeren Firmen jedoch funktionieren sie, weil viele verschiedene Mitarbeiter miteinander reden und einander verstehen müssen.

Folgende Geschichte zeigt, was passiert, wenn in einer wichtigen Abteilung Ihrer Kreditkartengesellschaft klare Kommunikation ausfällt. Sie kaufen sich im Laden nebenan ein Paar Jeans. Die Verkäuferin zieht Ihre Kreditkarte durch den Scanner, und die Karte wird nicht akzeptiert. Sie denken, das ist nur ein kleiner Fehler, und die Verkäuferin schlägt vor, bei der Kartengesellschaft anzurufen. «Bitte schön!» Plötzlich holt sie eine Schere raus und will die Karte zerschneiden. Sie verlangen, mit dem Telefonservice der Kreditkartengesellschaft sprechen zu dürfen, und hören, daß die Verkäuferin die Karte nicht zerschneiden soll. Der Mann vom Service will schnell noch mal nachschauen. Nach einiger Zeit erfahren Sie, daß es sich um einen unglücklichen Fehler handelt. Eines Ihrer Kinder hat seine Karte zurückgegeben und der Computer hat automatisch alle Karten der Familie gesperrt, obwohl Ihr Sohn eigentlich schon nicht mehr auf Ihrem Konto geführt wurde. Im Moment könne auch der Service nichts dagegen tun. Nun steht auch schon der Verkaufsstellenleiter neben Ihnen, und alle gucken Sie an, als hätten Sie die Jeans stehlen wollen.

Genau das ist mir mal an einem Freitagnachmittag passiert. Bis nächsten Mittwoch dauerte die Reaktivierung meiner Karte. Deshalb habe ich eine andere Kreditkarte benutzt. Die Kreditkartengesellschaft büßte an

Umsatz ein und verlor mein Vertrauen. Das Problem lag ganz offensichtlich darin, daß diese Firma das Sperren von Karten Maschinen anstatt Menschen überließ. Maschinen sprachen zu Maschinen, wo Menschen sich verständigen sollten. Solche Mißverständnisse mit Kunden können irreparablen Schaden anrichten.

Die Anfertigung einer Übersicht über Arbeitsaufgaben, Strukturen, Personal und Abläufe kann dabei helfen, die Problemzonen zu entdecken, in denen Mißverständnisse auftreten können. Die nachfolgende Checkliste wird Ihnen zur Überprüfung Ihrer Firma dienen und die Notwendigkeit klarer Kommunikation noch einmal darlegen. Vielleicht gehen Sie die Liste im stillen durch und beantworten alle Fragen, die für Ihre Firma relevant sind. Sie können mit der Liste die Bereiche identifizieren, in denen Kommunikation eine so wichtige Rolle spielt, daß Aufgaben gleich beim ersten Mal richtig gemacht werden.

Sie werden sehen, daß die aufgeführten Bereiche direkt mit der Finanzierung zu tun haben. Das ist kein Zufall, denn Mißverständnisse bei Finanzaktionen können überall katastrophale Folgen haben. Finanzierung ist ein hochsensibler Bereich, und wenn es ums Geld geht, muß auch die Kommunikation stimmen.

Wenn Sie die Checkliste durchgehen, müssen Sie sich die Probleme von Mißverständnissen innerhalb der betreffenden Bereiche genauer ansehen, aber auch, wie sie mit anderen Bereichen zusammenhängen. Gibt es ernsthafte Probleme, so sollten Sie eines der Kommunikationssysteme aus hochsensiblen Bereichen installieren, um die Probleme zu verringern oder zu verhindern. Mit dieser Aufstellung werden Sie die Schwachpunkte erkennen, wo Sie eines dieser Systeme zusammen mit strategischer Rede einführen müssen. Es sind ganz bestimmt die Bereiche, in denen Leute besser mehr als weniger miteinander reden.

## Übersicht von Bereichen, in denen klare Kommunikation elementar ist

Welche Bereiche Ihrer Firma:

1. haben viele verschiedene Einzelkomponenten, -systeme oder -ebenen mit speziellen Arbeitsabläufen, Ausbildungsmethoden und Funktionshierarchien?
   Finanzierung __, Produktion __, Lager __, Marketing __, Verkauf __, Versand __, Planung __, Sicherheit __, Auslieferung __, Personalabteilung __, Kundendienst __, Qualitätskontrolle __, Rechtsabteilung __.

2. haben Arbeitsabläufe, die termingebunden und koordiniert mit anderen Bereichen zusammenhängen?
   Finanzierung __, Produktion __, Lager __, Marketing __, Verkauf __, Versand __, Planung __, Sicherheit __, Auslieferung __, Personalabteilung __, Kundendienst __, Qualitätskontrolle __, Rechtsabteilung __.

3. sind in Arbeitsabläufe auf verschiedenen Ebenen, die jeweils ihre eigenen Kontrollmechanismen haben, eingebunden?
   Finanzierung __, Produktion __, Lager __, Marketing __, Verkauf __, Versand __, Planung __, Sicherheit __, Auslieferung __, Personalabteilung __, Kundendienst __, Qualitätskontrolle __, Rechtsabteilung __.

4. haben Arbeitsabläufe, die durch eine Vielzahl von Entscheidungsträgern des gleichen oder verschiedener Bereiche charakterisiert sind?
   Finanzierung __, Produktion __, Lager __, Marketing __, Verkauf __, Versand __, Planung __, Sicherheit __, Auslieferung __, Personalabteilung __, Kundendienst __, Qualitätskontrolle __, Rechtsabteilung __.

5. beruhen auf hoher Eigenverantwortlichkeit?
Finanzierung __, Produktion __, Lager __, Marketing __, Verkauf __, Versand __, Planung __, Sicherheit __, Auslieferung __, Personalabteilung __, Kundendienst __, Qualitätskontrolle __, Rechtsabteilung __.

6. benötigen bei Entscheidungen sofortige Rücksprache?
Finanzierung __, Produktion __, Lager __, Marketing __, Verkauf __, Versand __, Planung __, Sicherheit __, Auslieferung __, Personalabteilung __, Kundendienst __, Qualitätskontrolle __, Rechtsabteilung __.

7. haben bei ihren Aktivitäten ein regelmäßig hohes Arbeitstempo?
Finanzierung __, Produktion __, Lager __, Marketing __, Verkauf __, Versand __, Planung __, Sicherheit __, Auslieferung __, Personalabteilung __, Kundendienst __, Qualitätskontrolle __, Rechtsabteilung __.

8. betreiben wichtige Prozesse, die synchron mit anderen und ohne die Möglichkeit einer im laufenden Prozeß vorzunehmenden Korrektur vor sich gehen?
Finanzierung __, Produktion __, Lager __, Marketing __, Verkauf __, Versand __, Planung __, Sicherheit __, Auslieferung __, Personalabteilung __, Kundendienst __, Qualitätskontrolle __, Rechtsabteilung __.

9. haben eine Kommunikation, die hauptsächlich nach außen gerichtet ist?
Finanzierung __, Produktion __, Lager __, Marketing __, Verkauf __, Versand __, Planung __, Sicherheit __, Auslieferung __, Personalabteilung __, Kundendienst __, Qualitätskontrolle __, Rechtsabteilung __.

Welche Systeme und Einrichtungen sind geeignet für die in jeder Frage ermittelten Bereiche?

- regelmäßige Weiterbildung
- Entscheidungsprozesse nach Funktionen und Kenntnissen ausrichten
- offen für Kommunikation
- Mehrfachbesetzungen
- Reservekommunikationssysteme
- spezielle Fachsprache
- persönliche Verantwortung und Rechenschaft

## Übereinkünfte und Terminologie klären

Die Transit Financial Holdings Inc. besaß zwei Versicherungsunternehmen. Die eine Firma, die York Fire & Insurance Company, schloß einen Vertrag mit einer Rückversicherungsgesellschaft. Erst auf der Hauptversammlung im folgenden Jahr erfuhr der Vizepräsident der Holding Company von Klauseln im Vertrag, die offensichtlich von der Versicherungsgesellschaft der Holding falsch verstanden wurden. Er sah sich veranlaßt, den Rückversicherungsvertrag rückwirkend aufzuheben.

Eine Folge dieser Vertragskündigung und anhängiger Gerichtskosten war, daß die Bilanz für dieses und das folgende Jahr ernsthaft beeinträchtigt wurde. Der Vizepräsident und Sekretär der Transit Financial Holdings bestätigte, daß seine Gesellschaft und der Rückversicherer keine gute und klare Kommunikation über dieses Geschäft hatten. «Was die sagten und was wir verstanden, war nicht dasselbe», äußerte er.

Und als ob das noch nicht genug wäre, versah sich auch die zweite Versicherungsgesellschaft, die Transit Insurance Company, bei der Berechnung ihrer Finanzen «aufgrund einer falschen Interpretation der Definition von Nettoüberschüssen». Dieser Fehler, der sich bei der Hauptversammlung des folgenden Jahres herausstellte, machte zusätzliche Kosten von 1,8 Millionen Dollar aus.

Beide Versicherungsgesellschaften leisteten sich sehr kostspielige Irrtümer, die für sie schmerzhaft waren, ebenso aber auch für den Aufsichtsrat und die Aktionäre, und außerdem die Beziehungen zur staatlichen Aufsichtsbehörde belasteten. In diesem einen Beispiel zeigt sich, daß die Beteiligten nicht die notwendigen Maßnahmen ergriffen, das richtige Verständnis des Vertrages zu überprüfen und damit diese Probleme zu vermeiden. Folgende Schritte sollte man bei solch wichtigen Vertragsvereinbarungen beachten:

- Gespräche von Angesicht zu Angesicht: Die Repräsentanten beider Seiten müssen sich von Angesicht zu Angesicht zusammensetzen. Für alle Verhandlungen muß es genügend Zeit zum Besprechen der Vertragsgegenstände geben, so daß alle Beteiligten den Festlegungen vernehmbar zustimmen.
- Beispiele: Verträge sollten von Zusätzen ergänzt werden, in denen mit Beispielen erläutert wird, was der Vertrag beinhaltet. Diese Zusätze sollten von allen Seiten gegengezeichnet werden.
- Fragen: Ebenso sollten alle Fragen, die den Gegenstand einer Vereinbarung betreffen, und die dazu geäußerten Antworten festgehalten werden und ebenfalls gegengezeichnet dem Vertrag hinzugefügt werden.
- Aufnahmen: Halten Sie die Beratungen auf Tonband oder Video fest. Das ist der beste Beleg für eventuelle Auseinandersetzungen um die Auslegung der Vereinbarungen.

Im Falle der falschen Berechnungen haben die Versicherungsbuchhalter offensichtlich die Bedeutung des in der Branche geläufigen Standardterminus «Nettoüberschüsse» falsch verstanden. Dieser ist in seiner Größe grundlegend, denn von ihm hängt ab, wieviel der Versicherer auszahlen muß. Wie der Vizepräsident bemerkte, «war es nicht die Hauptversammlung, sondern vielmehr die Gruppe der Buchhalter, die nicht durchblickte. So was kann schon mal passieren.»

Fehlinterpretationen durch diejenigen, die es eigentlich wissen sollten, können durch zwei Systeme aus den hochsensiblen Bereichen verhindert werden:

- Mehrfachbesetzungen: Systeme von redundanter Mehrfachbesetzung, in denen mehr als eine Person für die Kontrolle eines Vorgangs verantwortlich ist, sind ein hervorragendes Mittel gegen Mißverständnisse. Erinnern Sie sich an das Beispiel des Flugzeugträgers: Vier verschiedene Leute beobachten und berichten die Daten jedes einzelnen zur Landung ansetzenden Flugzeugs.
- Schulung: Regelmäßige Schulung garantiert, daß alle Beteiligten eine gemeinsame Grundlage an Kenntnissen von wichtigen Vorgängen und Begriffen haben. Die Schulung sorgt für neue Kenntnisse und Fertigkeiten. Zugleich besteht ihre Bedeutung darin, daß alle ihre Kenntnisse und Fertigkeiten vergleichen und abstimmen können.

Mißverständnisse und Fehler können passieren und passieren auch wirklich. Indem wir jedoch sorgfältig die Abläufe in unserer Firma studieren und einige der Kommunikationsstrukturen aus hochsensiblen Bereichen einführen, können wir ihre Häufigkeit verringern und ihre Auswirkungen minimieren.

## Zusammenfassung

Hochsensible Bereiche gewährleisten ihre Funktionsbereitschaft durch Systeme wie regelmäßige Schulung, Entscheidungsverantwortlichkeit in Übereinstimmung mit Funktion und Kenntnissen, offene Kanäle der Kommunikation, Mehrfachbesetzungen, Reservekommunikation, spezielle Fachsprache und persönliche Verantwortlichkeit und Rechenschaft. Diese Systeme sind freilich nicht idiotensicher. Mißverständnisse und Unfälle passieren trotzdem noch. Und die Einführung dieser Systeme kann kostspielig sein. Viele Firmen und Einrichtungen scheuen diese Kosten nicht, weil es sich langfristig bezahlt macht. Denn diese Systeme zusammen mit strategischer Rede verhindern effektiv Mißverständnisse und gewährleisten einen zuverlässigen Betrieb. Unternehmen erlangen einen Wettbewerbsvorteil. Wenn die Arbeit gleich beim ersten Mal läuft, heißt das effiziente Produktion, hervorragende Qualität und exzellenter Service. Solche Vorzüge führen zu steigenden Marktanteilen, besseren Kundenbeziehungen und bedeutenden Einsparungen.

Außerdem ist auch wichtig, daß diese Systeme aus hochsensiblen Bereichen noch nicht ausreichen. Klare Kommunikation hängt vom Gehalt der Gespräche ab. Indem man die Strukturen von hochsensiblen Bereichen mit strategischer Rede kombiniert, wird der gemeinsame Kontext des Verstehens geschaffen und abgesichert.

Achtes Kapitel

# Eine neue Verantwortlichkeit

Wenn wir noch einmal zurückschauen auf den indexikalischen und reflexiven Charakter der Sprache, dann sind wir vielleicht überrascht, daß wir uns überhaupt verständigen können. Indexikalität besagt, daß erst der Kontext unserer Rede Sinn verleiht, und Reflexivität besagt, daß wir für die Schaffung dieses Kontexts verantwortlich sind. Wir sind uns bewußt, daß wir zur Beschreibung der Welt Wörter verwenden, auch für die Welt in unseren Köpfen, diese Beziehung zwischen Wörtern und Welt ist jedoch sehr komplex. Wörter können viele Bedeutungen haben und ebenso die Dinge und Ereignisse. Welt und Wörter stehen in reflexiver Beziehung. Die Welt bringt die Wörter hervor und umgekehrt die Wörter die Welt.

## Wir sind selbst verantwortlich, zu verstehen und verstanden zu werden

Wenn wir reden, geben wir unsere Gedanken an andere weiter. Wir reden über unsere Arbeit und Kollegen, Pläne und Ziele, Probleme und Lösungen. Ungeachtet der Tatsache, daß Arbeit und Menschen als Bewegung im Raum oder als reale Körper existieren, schaffen wir ihre Bedeutung nur, indem wir darüber reden. Unsere Pläne und Ziele dagegen sind außerhalb unserer Rede darüber nicht real existierend. Die meisten von uns denken nicht über diesen Zusammenhang nach, wenn wir mit jemandem sprechen. In einer Konversation schaffen wir trotzdem gemeinsam die Welt, in der diese Konversation möglich ist.

Unsere Rolle bei der Erschaffung dieser Welt ist so ungewöhnlich wie zugleich auch gewöhnlich. Sie ist ungewöhnlich, weil wir einen großen

Teil der Verantwortung auf unsere Schulter nehmen müssen. Unsere Welt existiert nur so, wie wir sie verstehen. Die Bedeutung des von uns Gesagten – oder das eines anderen – liegt nur in seiner Interpretation. Dafür sind wir allein verantwortlich. Diese Bedeutung entsteht durch alles, was wir denken.

Unsere Rolle darin ist auch gewöhnlich, denn die Welt zu verstehen ist eine Alltäglichkeit. Es ist geradezu unvermeidlich, in jedem Moment unserer Existenz das uns umgebende Leben zu verstehen. Welche Mittel es auch gibt in diesem Prozeß der Interpretation, das Leben zu verstehen ist unsere eigene Angelegenheit. Manchmal stimmen wir mit anderen überein, manchmal nicht. Übereinstimmung stellt uns in eine besondere Beziehung zu anderen. Ohne eine gewisse Übereinstimmung wäre das Leben unmöglich. Tatsächlich hält man ja Leute, die mit niemandem übereinstimmen, oft für verrückt.

Die Existenz einer Firma hängt davon ab, daß die Leute mit dem Betrieb in dieser Firma in einem gewissen Maße übereinstimmen. Ein Betriebsklima beinhaltet gemeinsame Ziele, Zwecke, Abläufe, Methoden, Orte, Zeiten, Beziehungen und Bedürfnisse. Nicht jeder muß mit jedem mit all dem einverstanden sein, aber es muß ein paar Gemeinsamkeiten geben, ähnlich den im fünften Kapitel diskutierten Familienähnlichkeiten. Diese Gemeinsamkeiten des Verstehens ermöglichen erst, daß Leute ihrer Arbeit so, wie es sein soll, nachgehen. Ohne gegenseitiges Verstehen würde die Firma im Chaos versinken.

Wie kommt es dann, bedenkt man den indexikalischen und reflexiven Charakter der Sprache, daß unsere Firmen (über die Welt als Ganzes wollen wir hier nicht sprechen) nicht im Chaos versinken? Wenn Wörter unklar und mehrdeutig sind, wieso verstehen wir doch, was wir sagen? Wir verstehen es durch Anstrengungen und mit Vertrauen. Wir bemühen uns, das zu interpretieren, was andere sagen, und diese vertrauen darauf, daß wir das machen. Manchmal sind wir gut dabei, manchmal schlecht. Manchmal sind wir sehr darum bemüht und manchmal überhaupt nicht. Manchmal liegen wir richtig, manchmal falsch. Manchmal ist es wichtig und manchmal nicht. Es gibt Methoden für ein gemeinsames Verstehen, unabhängig davon, ob wir sie anwenden oder darauf verzichten. Wenn wir sie aber kennen, dann liegen Übereinstimmung und Verstehen auch in unserer eigenen Verantwortung. Wenn wir Mißverständnisse verstehen und wissen, wie strategische Rede sie verhindert, dann sind wir dafür verantwortlich, uns verständlich zu machen. Wie können wir diese Erkenntnis in ein Handeln umsetzen, das unsere Firma von Grund auf verändert?

## Von der Spitze nach unten

Die Führungsebenen einer Firma können strategische Rede einsetzen und als Führungsqualität durchsetzen. Eine Firma, die die Ideen dieses Buches umsetzen will, sollte auf der obersten Ebene damit anfangen. Hat erst mal jeder begriffen, daß Kommunikation oberste Priorität genießt, und die Anwendung strategischer Rede erlernt, dann kann sich niemand mehr damit herausreden, etwas falsch verstanden zu haben und deshalb seine Arbeit nicht richtig zu erledigen.

Die oberen Leiter können dafür sorgen, daß Mißverständnisse zum Verstehen führen, indem jedem die Gründe für Mißverständnisse erläutert werden, wie mit ihnen zu rechnen ist und wie sie zu beheben sind, und indem sie selbst ein Vorbild für strategische Rede sind. Direktoren müssen ihren unmittelbaren Unterstellten, Leitern und Abteilungsleitern zu erkennen geben, daß sie ein offenes Ohr für Fragen und Nachfragen haben. Diese geben dann dasselbe Beispiel für ihre Mitarbeiter, und so geht es weiter durch alle Ebenen.

Will die Führungsebene Führungsqualitäten und Visionen verbreiten, so muß sie diese mit den Angestellten gemeinsam haben. Die Kommunikation muß in beide Richtungen offen sein, damit ein Verstehen dessen garantiert ist. Will sie ihre Angestellten stärken, so muß sie ihnen mehr Mitsprache und Kontrolle bei Entscheidungen gewähren. Viele der neueren Tendenzen in der Führung von Firmen (beispielsweise Teamwork, wissensorientierte Organisation, Abbau von Hierarchien, Qualität und Schulung statt Bürokratie) bedeuten eine Öffnung der Firma für gemeinsames Verstehen.

Thomas Stewart berichtet als Beispiel, daß der Generaldirektor von General Electric, John F. Welch, neue Methoden zur Steigerung der Produktivität eingeführt hat. Unter anderem bringt gemeinsames Fitneßtraining die Leute dazu, über ihre Probleme zu reden und sich darüber auszutauschen, wie die Arbeit gemacht wird – anstatt nur davon zu reden, was gemacht wird. Hier werden völlig neue Wege beschritten.

Bonnie Gordon zufolge gaben Firmeninhaber und Manager bei Befragungen an, spezielle Kommunikationsregeln und -strukturen eingeführt zu haben, um Konflikte mit Angestellten schon im Anfangsstadium zu erkennen. Dies reicht von gemeinsam verbrachten Pausenzeiten und regelmäßigen Unterhaltungen bis zu familienähnlichen Strukturen innerhalb der Belegschaft, die eine vertrauensvolle Atmosphäre und die Wertschätzung jedes einzelnen ermöglichen. In einigen Firmen bleiben die Türen der Chefs immer offen, Angestellte werden so ermuntert, mit ihnen über ihre Probleme zu reden. Zuallererst zählt die Möglichkeit, über Probleme und Konflikte zu reden oder Beschwerden jemandem vorzutragen, der ums Verstehen und nicht ums Verurteilen bemüht ist.

Dabei ist wichtig, daß jemand zum Beispiel auch sagen kann: «Ich verstehe leider nicht richtig, was Sie möchten. Könnten Sie sich bitte deutlicher ausdrücken?» Die Leute müssen das ohne Angst oder Scham äußern können. Im siebenten Kapitel haben wir gesehen, daß offene Kommunikation ein wichtiges, in die Struktur integriertes Mittel für das Funktionieren hochsensibler Bereiche ist. Die Spitze der Pyramide ist für klare Kommunikation genauso verantwortlich wie alle anderen Ebenen. Die Dynamik von oben, das Einführen von entsprechenden Regeln und Strukturen, bewirkt eine offene Kommunikation über alle wichtigen Themen und Details zu den Mitarbeitern. Wenn die Mitarbeiter davon profitieren, so ist es auch gut für die Firma.

## Von unten nach oben und durch die Mitte

In einigen Firmen kann es der Fall sein, daß das obere Management keine aktive Rolle bei der Durchsetzung strategischer Rede spielen will. Aber selbst dort lassen sich Formulierungen, Fragen und Antworten, Paraphrasierungen, Beispiele und Geschichten ohne große Auseinandersetzungen einführen. Wir können strategische Rede einsetzen, um Leute mehr als für sie üblich zum Sprechen zu bringen.

Entscheidend ist die Formulierung, zum Beispiel: «Maria, ich möchte, daß ich Sie absolut richtig verstehe.»

Dann können wir nachfragen:

- «Wen genau soll ich zu diesem Projekt hinzuziehen?»
- «Gibt es eine exakte Begrenzung der Ausgaben?»
- «Wann genau brauchen Sie das?»
- «Wollen Sie mich bitte über eventuelle Veränderungen informieren?»

Wir können natürlich auch paraphrasieren:

- «Ich möchte ganz sichergehen, daß ich das richtig verstanden habe. Ray und Louise werden mir dabei helfen, und Sie möchten, daß wir das mit oberster Priorität behandeln. Sie möchten über das Budget informiert werden, und die äußerste Grenze liegt bei neunundsechzigtausend. Wir haben sechs Wochen Zeit dafür, beginnend mit dem Tag, an dem Sie das Budget bewilligen. Und wir werden uns jeden Freitagnachmittag darüber beraten. Gut, ich fange gleich damit an.»

Wir können Beispiele nennen:

- «Todd hat letztes Jahr etwas Ähnliches ganz hervorragend gemacht. Sind Sie damit einverstanden, daß ich mich an diesem Projekt orientiere?»

Und wir können auch kleine Geschichten verwenden:

- «Als ich noch bei der Konkurrenz war, da übertrug mir der Chef ein Projekt, das so ähnlich gelagert war. Ich will Ihnen mal erzählen, was ich da gemacht habe und welche Ideen ich dafür hatte.»

Strategische Rede läßt uns so wirken, wie wir sind: engagiert und interessiert, umsichtig und aktiv. Aber alle diese Anstrengungen können nicht garantieren, daß es keine Mißverständnisse gibt oder alle Konflikte zu aller Zufriedenheit gelöst werden können. Einige werden immer noch davon überzeugt sein, daß sie sich immer klar ausdrücken und jedes Mißverständnis die Schuld des anderen ist. Versteckte Absichten spielen da mit rein. Einige Kollegen werden gar nicht wollen, daß Sie sie verstehen. Die lassen Sie bewußt im unklaren. Die lassen Sie absichtlich oder unabsichtlich auflaufen, so daß Sie Fehler machen und sie selbst im besten Licht dastehen. Die Persönlichkeit kommt mit ins Spiel. Sind Sie scheu oder unsicher oder verschlossen, dann finden Sie vielleicht nur unter Schwierigkeiten zum Gebrauch strategischer Rede. Aber Übung kann auch da helfen.

## In schwierigen Momenten

Wie können wir außerdem, neben diesen für die strategische Rede zu überwindenden Hemmungen, Mißverständnisse vermeiden, wenn wir unerfreuliche oder enttäuschende Nachrichten an andere weiterzugeben haben? Ein schwieriger Fall in jeder Firma. Eine Möglichkeit ist, sich vorzustellen, was man sagt und wie man es sagt, wäre man in einem Familienbetrieb angestellt und würde nicht zur Familie gehören. Wie würden Sie Ihrem Chef dann die Mitteilung machen, daß einer seiner Verwandten das Unternehmen ruiniert? Sie würden dabei sicher über die Risiken nachdenken und ob sie es wert sind. Beim Abwägen der Risiken kann man allerdings nie wissen, wie jemand auf schlechte Nachrichten reagiert, da dies immer vom Kontext beeinflußt wird, in dem sie aufgenommen werden.

Ein Beispiel, wie strategische Rede in einer solchen Situation anzuwenden ist: Kevin war Manager in einem Familienunternehmen, aber nicht Familienangehöriger. Er fand heraus, daß Joseph, der Sohn des Chefs und zuständig für den Kundendienst, Alkoholprobleme hatte. Er kam zu spät zu Kundengesprächen und war betrunken, oder er kam gar nicht. Kevin mußte seinem Chef erklären, daß der Rückgang der Verkaufszahlen und häufige Kundenbeschwerden auf seinen Sohn zurückzuführen waren. Wie kann Kevin sich so mitteilen, daß er in seinem Sinne verstanden wird?

Wie Kevin darüber spricht, wird von seinem persönlichen Stil abhängen, seinen Kenntnissen über den gesamten Kontext, einschließlich der involvierten Personen, die Beziehungen innerhalb und außerhalb der Firma und was er sonst noch für diese unangenehme Aufgabe berücksichtigt. In erster Linie möchte er als jemand, der im Interesse der Firma handelt, verstanden werden. Da er die Reaktion seines Chefs nicht beeinflussen kann, benutzt er das Gespräch, um seinen Kontext des Verstehens mit dem Chef zu teilen.

In einer solchen Situation ist die Vorgeschichte aller Gespräche zwischen Kevin und seinem Chef von Belang. Man beachte, daß ein gemeinsamer Kontext das Wichtigste für gegenseitiges Verstehen ist. Haben sie ein gutes Gesprächsverhältnis – in dem sie strategische Rede für die Darstellung ihrer Ideen, Sorgen, Probleme und Lösungen anwenden –, wird das verstehende Gespräch sehr viel einfacher sein.

Kevin könnte das Gespräch mit einer bestimmten Formulierung eröffnen: «Harry, ich habe etwas Wichtiges über die letzten Verkaufszahlen herausgefunden. Ich weiß jetzt, woran es liegt. Es wird Ihnen zwar nicht gefallen, aber es gibt eindeutige Hinweise, warum unsere Kunden ihre Bestellungen rückgängig machen.» Diese Formulierung kündigt ausdrücklich an, daß nun etwas Heikles gesagt werden muß. Sie stellt das in den betriebswirtschaftlichen Kontext und nicht in den Zusammenhang von Persönlichkeit und Charakter. Aber wichtig ist, daß sich die Formulierung auf das zwischen Harry und Kevin bestehende Gesprächsverhältnis bezieht.

Danach kann Kevin auf die Details zu sprechen kommen, wiederum mit Geschäftszahlen und nicht mit persönlichen Beurteilungen. Er nennt Fälle als Beispiel, in denen Kunden Joseph ganz klar als Grund für die Rückgängigmachung angegeben haben. Kevin kann zweitens detaillierte Geschichten erzählen, die die von Joseph verursachten Probleme zeigen. Drittens kann Kevin außerdem noch Beispiele dafür geben, wie er das Problem mit Joseph lösen wollte und damit nichts bewirkt hat. Kevin benutzt das Gespräch, um das Problem, seine Ursache und seinen Kontext zu reflektieren, damit Harry alles versteht.

Kevin hatte es leichter, weil er ein gutes Gesprächsverhältnis mit Harry pflegte. Spricht man nur einmal mit jemandem und dann über etwas Negatives, dann wird derjenige beim nächsten Wiedersehen nicht gerade begeistert sein. Denken Sie mal darüber nach, wie gern Sie mit Anwälten, Zahnärzten und Polizeibeamten sprechen. Pflegen Sie also gute Gesprächskontakte auch für den Fall, wenn Sie schlechte Nachrichten zu überbringen haben. Der Umgang mit Leuten, mit denen man regelmäßig spricht, ist einfacher als der mit Leuten, mit denen man kaum spricht. Die Gesprächsweise anderer zu kennen heißt auch, diese Menschen zu kennen. Das ist immer ein guter Kontext, egal ob die Nachricht nun gut oder schlecht ist.

## Kommunikation nach außen

Wichtiger noch als die Kommunikation von unten nach oben ist die mit den Kunden, nach außen. Wir halten Kunden für etwas, das sich in Dollars und Marktforschung ausdrückt. Viele Firmen sind aber heute um einen direkten Kontakt zu ihren Kunden bemüht, um von ihnen ein Feedback über die verkauften Produkte und Leistungen zu bekommen. Sind Sie kürzlich erst mit dem Flugzeug unterwegs gewesen, in einem Hotel abgestiegen oder mit dem Kauf eines neuen Wagens beschäftigt gewesen, dann sind Ihnen die unvermeidlichen Fragebögen zur Genüge bekannt.

Ein japanisches Unternehmen versteht den Kundenkontakt jedoch anders. Es produziert am Fließband Fahrräder auf Bestellung, die nur zehn Prozent teurer sind als herkömmliche Räder. Theoretisch hält diese Firma 11 231 862 verschiedene Modelle im Angebot.

Die Anstrengungen dieser Firma richten sich auf die Wirkung offener Kommunikation, um auf den Markt am effizientesten zu reagieren. Demnach ist der Kunde erst dann König, wenn er das Produkt selbst entwerfen kann. Der Fortschritt von Computer und Telekommunikation erlaubt ein solches Vorgehen, neue Kommunikationsformen und -strukturen ermöglichen den Kunden, ihre Wünsche mitzuteilen. Wird hierbei strategische Rede angemessen eingesetzt, werden die Wünsche der Kunden richtig verstanden. Das wäre nichts weniger als das Ideal. Wie ist das zu erreichen?

## Maßnahmen

Was können Sie als einzelner dafür tun, daß Ihr Unternehmen das übliche Maß an Mißverständnissen und anhängigen Kosten ausschaltet und zu einer Kultur findet, in der Mißverständnisse die Ausnahme von der Regel sind? Es gibt eine ganze Reihe von Maßnahmen, darunter das Begreifen der Indexikalität und Reflexivität der Sprache, die Einsicht in die Notwendigkeit der Kommunikation und das Befolgen von Regeln des Gesprächs.

### *Indexikalität und Reflexivität der Sprache verstehen*

Den Leuten beizubringen, daß die Sprache indexikalisch und reflexiv ist, ist ein guter Anfang im Kampf gegen Mißverständnisse. Die beiden Begriffe der Indexikalität und Reflexivität sind der Schlüssel zum Verstehen von Kommunikation als zufällig und zweideutig. Für die meisten von uns ist die Indexikalität im Gegensatz zur Reflexivität leicht zu verstehen.

Das Hauptproblem bei der Reflexivität besteht darin, daß sie paradox erscheint. Daß die Welt die Sprache hervorbringt und umgekehrt die Sprache die Welt, ist wohl von niemandem gänzlich zu erfassen. Mit viel Ausdauer und anschaulichen Beispielen kann man letztlich doch hinter die Idee kommen, daß man aktiv und gemeinsam mit anderen die Welt erst erschafft, wenn man sich auf sie als Grundlage bezieht.

Das Verstehen der Indexikalität und Reflexivität befähigt einen, zu begreifen, warum und wie man anders sprechen muß, wenn man wirklich verstehen will. Entsprechende Unterweisung gibt den Leuten den gemeinsamen Kontext für klare Kommunikation. Die besten Übungen entstammen wohlbekannten, alltäglichen Situationen. Teilnehmer von Übungsgruppen können mit eigenen Beispielen veranschaulichen, wie Mißverständnisse ihre Arbeit beeinträchtigt haben. Wir können dann diese Beispiele dafür verwenden, auf den Charakter der Sprache als Ursache von Mißverständnissen hinzuweisen. Weiterhin kann man sie dazu benutzen, die Bedeutung strategischer Rede und klarer Kommunikation zur Vermeidung von Mißverständnissen zu vermitteln. Tricks oder Eselsbrücken gibt es da nicht. Man muß einfach verstehen, wie Sprache funktioniert. Haben wir das begriffen, müssen wir mit ihr sorgsam und verantwortlich umgehen. Die Sprache zu verstehen bedeutet auch, daß das Gespräch die beste Lösung für das Problem der Mißverständnisse ist.

### *Kein Gedankenlesen mehr*

Demonstrieren Sie mit Ihrer Haltung, daß es nichts bringt, die Gedanken anderer lesen zu wollen und mehr oder weniger zu erraten. Sorgen Sie dafür, daß über wichtige Hintergrundinformationen ausdrücklich gesprochen wird. Jeder muß dazu beitragen, zu verstehen und verstanden zu werden. Noch einmal eine Frage zu etwas, das vorher allen klar erschien, ist akzeptabel – nicht zu fragen dagegen nicht. Jeder muß sich dazu verpflichtet fühlen, sein Gegenüber zu verstehen – und die Atmosphäre muß strategische Rede stets ermutigen.

Nachfragen sind nicht so leicht zu akzeptieren, solange man nicht wirklich auf eine klare Kommunikation hinaus will. William Corsaro hat das, was er «Erklärungsbitten» nennt, genau untersucht. Diese Bitten werden geäußert, um das, was der andere sagt, richtig verstehen zu können. Mit diesen Erklärungsbitten wird unter Erwachsenen das Et-cetera-Prinzip außer Kraft gesetzt, mit dem normalerweise von einem Hörer erwartet wird, daß er nicht ausdrücklich Gesagtes zum Verstehen selbst einbringt.

Tatsächlich sprechen Erwachsene Kinder häufiger mit Erklärungsbitten an als Erwachsene sich untereinander. Bei Interaktionen zwischen Erwachsenen und Kindern sprechen die Erwachsenen häufig mit «Was?», «Oh?» und «Ach!» zurück; sie wiederholen außerdem in diesem Sinne des Nachfragens, was das Kind gesagt hat. Im Gegensatz dazu verlassen sich Erwachsene untereinander auf das Et-cetera-Prinzip. Erwachsene erwarten von anderen Erwachsenen, daß die fehlende Information ausgefüllt wird, und daher haben die meisten Leute Hemmnungen, weiter um Erklärungen zu bitten.

Hier noch mal ein Beispiel zur Erinnerung, wie wir das Et-cetera-Prinzip in einer typischen Arbeitssituation benutzen. Die für das Gespräch geltende, jedoch unausgesprochene Hintergrundinformation jedes Beteiligten ist in Klammern wiedergegeben.

Elaine: Fertig für das Meeting heute morgen, Mark?
(Ich sollte auch Mark nochmal an das Meeting heute morgen erinnern. Es ist sehr wichtig, da wir die Produktionstermine für den Herbst besprechen. Marks Teilnahme ist von Bedeutung, denn er kann uns die neuesten Zahlen der Produktionskosten nennen. Das Meeting findet um 10.30 Uhr im Konferenzzimmer statt und dauert bestimmt bis zum Mittag.)

Mark: Aber sicher.
(Dieses Meeting würde ich nie und nimmer versäumen. Endlich können wir uns mal ernsthaft über die Probleme mit

der Produktion unterhalten. Wir sollten nämlich in Erwägung ziehen, die ganze Fabrik in den Osten zu verlegen, wo die Produktionskosten niedriger sind. Vielleicht gibt es auch was Gutes zum Mittag. Denn so lange dauert es bestimmt.)

Elaine: Das wird interessant.
(Mark will, daß wir neue Maschinen anschaffen müssen. Das können wir uns zur Zeit gar nicht leisten. Es gibt bestimmt Streit deswegen.)

Mark: Hast du die letzten Zahlen?
(Der Verkauf hinkt Planung und Budget hinterher. Elaine sollte die neuesten Zahlen herausrücken, damit man sieht, daß wir nur konkurrenzfähig bleiben, wenn wir die Kosten senken. Das wird kaum jemand anders sehen.)

Elaine: Die kommen auf den Tisch.
(Ich frage mich, welche Zahlen er meint. Die vom letzten Quartal haben wir noch gar nicht. Aber es sieht ganz danach aus, daß sie nahe an der Planung liegen und besser als unsere jüngsten Berechnungen ausfallen. Wir sollten einen Teil der Produktion an Subunternehmer abgeben.)

Die gleiche Unterhaltung in einer anderen Version, diesmal mit mehr ausdrücklichen Bezügen und weniger Spekulation darauf, daß der andere das Notwendige von selbst einsetzt.

Elaine: Ich möchte mit dir über das Meeting sprechen, das nachher um 10.30 Uhr im Konferenzzimmer stattfindet und bestimmt bis Mittag dauert. Es ist wichtig, daß wir die Produktionstermine für den Herbst besprechen. Hast du die neuesten Zahlen zu den Produktionskosten?

(Ich erinnere Mark lieber noch mal an die Produktionskosten, was er dazu sagt, ist wichtig.)

Mark: Aber sicher. Es gibt ein paar ganz wichtige Punkte zur Produktion zu besprechen. Wir sollten erwägen, die Produktion in den Osten zu verlagern, wo die Kosten niedriger sind.
(Nie und nimmer versäume ich dieses Meeting, auch wenn es lange dauert. Was kriegen wir dann zum Mittag?)

Elaine: Ich dachte, du würdest dich für neue Maschinen in unserer Fabrik stark machen. Die können wir uns zur Zeit nicht leisten. Es gibt, glaube ich, auch noch eine bessere Lösung, als den ganzen Laden zu verlagern.
(Ich hoffe, Mark nimmt mir diese Idee nicht übel.)

Mark: Was stellst du dir da vor? Aber erst mal zu den neuesten Verkaufszahlen, hast du die? Phil hat mir gesagt, sie liegen 5 Prozent unterm Soll. Wollen wir also konkurrenzfähig bleiben, müssen wir die Kosten senken. Siehst du das auch so?
(Wenn die Zahlen wirklich so schlecht sind, dann müssen wir schnell handeln. Am besten, die Lohnkosten gehen runter. Die Löhne im Osten sind jetzt beträchtlich niedriger.)

Elaine: Die Zahlen vom letzten Quartal sind noch nicht da. Aber es sieht ganz danach aus, daß sie nahe an der Planung liegen und besser als unsere jüngsten Berechnungen ausfallen. Auf jeden Fall hast du recht. Die Produktionskosten müssen verringert werden. Hast du schon mal darüber nachgedacht, einen Teil der Produktion an Subunternehmer zu vergeben?

Mark: Ich habe mich schon damit beschäftigt. Einer unserer Konkurrenten hat das die letzten drei Jahre gemacht. Ihr Produk-

tionsmanager ist zufällig ein guter Freund von mir, und er hat mir ein paar schreckliche Sachen über Qualitätsprobleme, Ausfallzeiten und Ärger mit dem Finanzamt erzählt. Auf dem Papier sieht das vielleicht billiger aus, am Ende kann es aber teurer sein. Kannst du das mit Erfolgsbeispielen belegen?
(Ich rufe Joe vor dem Meeting lieber noch mal an, damit er mir das noch einmal bestätigt.)

Elaine: Nein, da habe ich noch nichts Genaues. Ich such' eben immer noch nach Verbesserungen an der Basis, Ich weiß, dir geht's nicht anders.
(Wenn wir einen verläßlichen Anbieter finden würden, der pünktliche Zulieferung garantiert, das wäre so viel billiger und einfacher, als wenn wir die Ausrüstung kaufen. Und heutzutage verändert sich eh alles so schnell.)

Sind Sie um Verstehen bemüht, dann machen Sie keinen Gebrauch vom Et-cetera-Prinzip. Es wird zwar immer Gedanken geben, die Sie nicht zum Ausdruck bringen, aber so können Sie deutlich machen, was Sie denken. Es ist einfacher, wenn Ihr Gegenüber versteht, was Sie denken. Die Leute mögen sich zwar wundern, warum Sie so viele Fragen stellen oder ob Sie die Antwort nicht selbst schon wissen. Wir alle füllen so gewohnheitsmäßig die Bedeutung des von anderen Gesagten aus und erwarten das gleiche auch von ihnen, daß wir uns an das Verdeutlichen im Gespräch erst gewöhnen müssen.

Abzusichern, daß wir uns klar und genau verstehen, erfordert ein längeres Gespräch als üblich. Wir formulieren zum Beispiel erst, was wir als nächstes sagen wollen: «Bitte, es ist wirklich wichtig, daß ich genau verstehe, was Sie sagen. Und ich habe den Eindruck, daß ich nicht alle nötigen Hintergrundinformationen kenne. Hätten Sie also etwas dagegen, wenn ich Ihnen jetzt ein paar Fragen zur Klärung stelle?» Damit kann der andere Ihre Worte in den richtigen Kontext einordnen.

Wir können das gleiche in jeder Situation machen, in der wir den Eindruck haben, eine solche Erklärungsbitte würde etwas ungewöhnlich sein. Selbst denen, die um die Unbestimmtheit und Mehrdeutigkeit der Sprache wissen, wird es nicht weh tun, sie mit einer entsprechenden Formulierung daran zu erinnern: «Wir wissen doch beide, wie schwer zu verstehen ist, was man sagt. Sagen Sie mir also bitte, ob ich das richtig verstanden habe.»

### *Sich im Gespräch abwechseln*

Wir wechseln uns als Sprecher und Hörer ab, wenn wir verstehen wollen. Nur durch dieses Hin und Her haben wir die Möglichkeit, einander zu erklären. Kommunikation nur in eine Richtung wird vielleicht gar nicht verstanden; wir brauchen die Antwort, um zu wissen, ob wir verstanden wurden. Der andere muß auf das, was wir sagen, reagieren, sonst wissen wir nicht, ob er richtig verstanden hat oder vielleicht nicht einmal richtig gehört hat, was wir sagten. Sofern das Gespräch keine Handlung veranlaßt (bis um zwölf liegen die Haushaltszahlen auf meinem Schreibtisch) oder ein weiteres Gespräch nach sich zieht (etwa wenn Sie eine Kollegin nach einem möglichen Kunden fragen), können wir gar nicht wissen, was verstanden wurde. Wir können uns aber abwechseln, damit jeder verdeutlicht, was er verstanden hat.

## Strategische Rede anwenden

Wir arbeiten zusammen. Wir bauen Häuser und Computer und Handys. Wir stellen Kuchen und Kleider und Möbelpolitur her. Wir produzieren Musik und Junk-Bonds und Skulpturen. Wir erfinden Aspirin, Mausefallen und Ausreden. Wir entdecken Öl und Mikrowellen und Quasare. Wir führen Operninszenierungen und ärztliche Untersuchungen und tägliche Pflichterfüllung durch. Wir interpretieren Gesetze und Regeln und Fremdsprachen. Nicht alles ist chaotisch. Unsere gesellschaftliche Welt, in der wir mit anderen zusammen Aufgaben erfüllen, funktioniert. Anscheinend gibt es dafür genügend Übereinstimmung. Trotzdem aber auch Mißverständnisse. Einige Sachen werden falsch oder überhaupt nicht gemacht. Dieselbe Sprache, die uns zur Zusammenarbeit befähigt, kann eben das auch verhindern.

Dieses Buch hat Vorschläge gemacht, wie man die Sprache zur Verbesserung gemeinsamen Verstehens anwendet, um besser zusammenarbeiten zu können. Wenn wir bewußt und entschieden anfangen, in Gesprächen Formulierungen zu gebrauchen, Fragen zu stellen und zu beantworten, die Worte der anderen in unseren eigenen Worten zu sagen, konkrete Beispiele für das von uns Gemeinte zu geben und das mit kleinen Geschichten illustrieren – dann machen wir alles Menschenmögliche, um Mißverständnisse im Gespräch zu verhindern. Daher müssen wir einsehen, daß Indexikalität und Reflexivität Grundeigenschaften der Sprache sind, die sich nicht einfach abschaffen lassen. Haben wir das begriffen, dann sind wir in der günstigen Ausgangslage, unsere normale Sprache zur Absicherung eines gemeinsamen und übereinstimmenden Kontexts einzusetzen.

Der Kontext kann riesig und kompliziert sein oder klein und einfach. So oder so bildet er die Basis des Verstehens. Um einen gemeinsamen Kontext herzustellen, drücken wir unsere Gedanken im Gespräch aus. Dabei benutzen wir gewöhnliche Figuren der Rede, die man Formulierungen nennt, Fragen und Antworten, Paraphrasierungen, Beispiele und Geschichten. Das sind keine präzisen oder technischen Kategorien des Gesprächs. Ihre Funktion ist es, unsere Gedanken so zum Ausdruck zu bringen, daß andere sie verstehen, entweder als Anlaß zum Weiterreden oder als Quelle dessen, was verstanden werden soll.

Noch ein handfestes Beispiel. Dylan betreibt eine kleine Autowerkstatt und repariert einen 1984er Buick, den er in zwei Tagen für den Kunden fertig haben will. Der Zulieferer hat ihm leider das falsche Ersatzteil geschickt und damit seine Pläne durchkreuzt. Da es nicht zum ersten Mal vorkommt, daß er das Falsche geliefert bekommt, hat Dylan sich seine eigene Theorie dafür gemacht: Die Ersatzteillieferanten stellen nicht die richtigen Fragen, wenn er was bestellt, und sie verstehen oder lesen auch nicht gründlich genug, was in den Handbüchern steht. Dieser Umstand, zusammen mit dem Umstand, daß Dylan seine speziellen Bestellungen nicht selbst bestätigen muß, erklärt, warum sie so oft fehlerhaft bearbeitet werden. Seine Gespräche mit dem Angestellten im Ersatzteillager liefen etwa so:

| | |
|---|---|
| Ersatzteile: | Sie wünschen bitte? |
| Dylan: | Ich brauche die rechte vordere Achsmanschette für einen 1984er Buick Century Special Edition. |
| Ersatzteile: | Gut, ich hole die für Sie raus. |

In Dylans Werkstatt paßte das Teil dann nicht. Eine ideale Konversation hätte nämlich so ausgesehen:

| | |
|---|---|
| Ersatzteile: | Sie wünschen bitte? |
| Dylan: | Ich brauche die rechte vordere Achsmanschette für einen 1984er Buick Century Special Edition. |
| Ersatzteile: | Die rechte vordere Achsmanschette des 1984er Buick Century Special Edition? |
| Dylan: | Ja. |
| Ersatzteile: | Da müßte eine dasein. Ich schau' mal nach ... Für den Special Edition? |
| Dylan: | Ja, der mit dem extraverstärkten Kühlergrill. |
| Ersatzteile: | Der mit dem extraverstärkten Kühlergrill? |
| Dylan: | Ja. Ich habe die Teilbeschriftung aus dem Betriebshandbuch. |
| Ersatzteile: | Gut. Hier ist das Richtige. Die ist dicker als die normale Manschette. Wollen wir die Beschriftung vergleichen? |
| Dylan: | Danke. |

Hätten Dylan und der Angestellte ihre Gedanken und Kenntnisse verdeutlicht, wäre das Mißverständnis aus dem ersten Gespräch gar nicht passiert. Wenn der Angestellte vom Lager nicht angeboten hätte, die Beschriftung zu vergleichen, wie beim zweiten Mal, so hätte Dylan darum bitten sollen.

Mißverständnisse kommen für die meisten unter uns nahezu täglich vor. Je komplizierter unser Leben, desto wahrscheinlicher, daß wir Zeit und Geld damit verlieren, den durch Mißverständnisse verursachten Schaden zu beheben. Denken Sie nur, wieviel Zeit Sie damit schon verbracht haben, die Mißverständnisse – ob groß oder klein – mit Ihrer Bank, Ihren Zulieferern oder Ihren Kunden auszubügeln.

Laura, oberste Finanzbeauftragte einer öffentlichen Einrichtung, mußte einen halben Tag am Telefon opfern, als ihre Bank und ihre Investmentberater die Angaben zur Eintragung einer neuen, von ihrer Einrichtung erworbenen Aktie falsch verstanden hatten. Neue Formulare mußten ausgefüllt werden, und Dutzende Anrufe wurden notwendig. Die Investmentberater hatten die Aktien auf den falschen Namen gebucht und außerdem die falsche Anzahl Aktien geliefert. Noch mehr Anrufe bei Bank und Broker. Der Broker mußte die Aktien abholen, zurückbringen und neu ausstellen lassen.

Als ob das noch nicht genug wäre, mußte Laura den nächsten Tag feststellen, daß ihr Reisebüro den Flug an die Westküste für den falschen Tag gebucht und das Ticket schon ausgestellt hatte. Eine firmeninterne Regelung sah vor, daß Tickets aus Kostengründen immer lange vorher gebucht werden sollten. Diesmal ließ sich das Ticket jedoch nicht mehr umbuchen. Sie rief beim Reisebüro an. Die mußten dann die Fluggesellschaft um eine besondere Erlaubnis bitten, das Ticket umbuchen zu dürfen. Das Reisebüro mußte das falsche Ticket zurückschicken, und das neue Ticket wurde per Kurier Lauras Büro zugestellt.

Wurden diese Fehler durch Inkompetenz oder Mißverständnisse verursacht? Vielleicht erfahren wir nie den «wahren» Grund. Strategische Rede kann uns jedenfalls helfen, weniger Zeit mit dem Ausbügeln von durch Mißverständnisse verursachten Fehlern zu verschwenden. Wenn wir die Bedeutung strategischer Rede im Umgang mit einzelnen und ganzen Firmen kennen, wie wendet man sie dann am besten an?

## Zusammenfassung: Strategische Rede zur Norm erheben

Es versteht sich von selbst, daß wir nichts verstehen, wenn wir nicht zuhören. Zuhören ist ein Grundstein klarer Kommunikation. Eine der großen Formeln der Achtziger war «aktives Zuhören». Kommunikationsberater lehrten, daß effektives Zuhören Produktivität und Verkaufszahlen steigert, ebenso wie es die Moral und die allgemeine Effizienz eines Unternehmens hebt. Das sind alles unbestreitbar wichtige Aspekte.

Die Botschaft dieses Buches sieht Zuhören als etwas Selbstverständliches vor. Das heißt noch nicht, daß wir uns schon darauf verlassen können. Im Gegenteil, wir müssen uns alle um verbessertes Zuhören bemühen. Trotzdem können wir immer noch nicht, so genau wir auch die kleinste Nuance in den Worten hören, davon ausgehen, daß wir unser Gegenüber so verstehen, wie es in seiner Absicht liegt.

Tom Harris berichtet, daß die Präsidentin von Wordsmart Inc., Germaine Knapp, treffende Worte dafür gefunden hat: «Beenden Sie niemals ein Gespräch, wenn Sie nicht ganz sicher erkannt haben, was darin gesagt wurde – und warum. Tun Sie außerdem niemals so, als hätten Sie etwas verstanden, wenn es gar nicht so ist. Es ist nicht so unwahrscheinlich, daß der Sprecher, und nicht Sie, etwas durcheinanderbringt. Gehen Sie also nicht einfach weg und machen die Fehler, für die Sie, und nicht der Sprecher, dann verantwortlich sind.»

Es liegt an uns als Hörer, eventuelle Mißverständnisse aufzuklären. Merken wir uns, daß der Sprecher ja schon weiß, was sie oder er meint. Gutes Zuhören ist nur die halbe Lösung. Die andere Hälfte ist gute Gesprächsführung mit strategischer Rede.

Die Erkenntnis, warum strategische Rede notwendig ist, erfordert von uns allen Verantwortlichkeit. Mit diesem Wissen können wir nicht mehr behaupten, wir würden nicht richtig verstehen, und wir können das auch nicht als Entschuldigung vorschieben, wenn wir eine wichtige Arbeit nicht gleich beim ersten Mal richtig machen. Vielmehr müssen wir anfangen, dieses Wissen produktiv zu machen. Wir müssen damit anfangen, auch im kleinen Rahmen, strategische Rede in unseren Unternehmen zu verbreiten. In dem Maße, wie Mißverständnisse abgebaut und Effizienz und Verstehen verbessert werden, werden wir strategische Rede immer öfter verwenden – und mit weiteren positiven Auswirkungen. Bald erkennen wir, daß die Anwendungsmöglichkeiten für diese Strategien schier unendlich sind. Weiterhin werden wir erkennen, daß es keine Zeitverluste wegen langwieriger Erklärungen mehr gibt, ist klare Kommunikation einmal als Teil der Unternehmenskultur etabliert. Die Anstrengungen dürfen niemals nachlassen. Immer muß es heißen: «Nochmal, wie beim ersten Mal.»

## Checkliste dritter Teil

- Beachten Sie, daß in Arbeitsbereichen, wo Arbeitsplätze und Einkommen auf dem Spiel stehen und Macht und Kontrolle von Bedeutung sind, die Einführung strategischer Rede einschüchternd wirken kann.
- Sorgen Sie für das Engagement derjenigen, die in der Lage sind, das Unternehmen für ungezwungene und freie Kommunikation zu öffnen. Die Leute werden sagen, was sie denken, wenn sie deshalb nichts zu befürchten haben.
- Benutzen Sie strategische Rede, um anderen Ihre Vorstellungen als Führungskraft einsichtig zu machen.
- Rechnen Sie mit Mißverständnissen, und sorgen Sie für ihre Vermeidung, indem Sie Ihr Unternehmen so organisieren, daß Kommunikation in beide Richtungen und Gespräche von Angesicht zu Angesicht auf allen Ebenen die Norm sind.

- Führen Sie Regelungen zum gegenseitigen Verstehen ein:
  - Offene Kommunikationsmöglichkeiten.
  - Geben Sie Mitarbeitern die Möglichkeit, ihre eigene Interpretation von Gesagtem oder Geschriebenem zu äußern.
  - Unterstützen Sie strategische Rede.
  - Übertragen Sie die Verantwortung, Probleme zu erkennen, zu besprechen und zu beheben, direkt an die betreffenden Mitarbeiter. – Stellen Sie echte Fragen, betrachten Sie das Gespräch mit Ihren Angestellten als Spiegel Ihrer Aktivitäten, und loben Sie Mitarbeiter, die mit Ihnen über das Unternehmen sprechen.
  - Arbeiten Sie an einer speziellen Fachsprache für hochwichtige Informationen.
- Beachten Sie, daß die Kommunikationsstruktur eines ganzen Unternehmens nur so stark ist wie die kommunikativen Fähigkeiten ihres schwächsten Teils.
- Unterstützen Sie regelmäßige Schulung, vermittelte Kommunikation, das Beseitigen von Hierarchien, die klarer Kommunikation im Wege stehen, und Reserve- oder Mehrfachbesetzungen als Maßnahmen zum besseren Verstehen.
- Beachten Sie, daß die Pflege von Kontakten bedeutsam für klare Kommunikation ist.
- Denken Sie daran, daß die Interessen der Mitarbeiter das Verstehen dessen, was Sie sagen, mit beeinflussen.
- Erkennen und überprüfen Sie Ihre eigenen Prioritäten für klare Kommunikation, und stellen Sie fest, wie diese durchzusetzen sind.
- Erstellen Sie eine Liste der Unternehmensziele, Strukturen, Personalbestände und Abläufe, um die Bereiche zu erkennen, in denen Mißverständnisse Probleme verursachen.
- Teilen Sie das Wissen um Ziele, Zwecke, Prozesse, Methoden, Orte, Zeiten, Namen, Beziehungen und Bedürfnisse gemeinsam mit anderen.
- Merken Sie sich, daß jeder für sein Verstehen und sein Verstandenwerden selbst verantwortlich ist.

- Haben Sie Verständnis, wenn ein Kollege zu Ihnen sagt: «Ich bitte um Entschuldigung, aber mir ist nicht ganz klar, was Sie wollen. Können Sie das bitte erklären.» Ermutigen Sie jeden dazu.
- Etablieren Sie regelmäßige Gesprächskontakte mit ihren Kollegen für einen gemeinsamen Kontext des Verstehens.
- Ist klare Kommunikation in Ihrer Unternehmenskultur verankert, wird es keine Ausfallzeiten wegen müßiger Erklärungen mehr geben. Die Verantwortung, die Bedeutung einer Aussage zu interpretieren, besteht jeden Moment in jedem Gespräch.